Economia em 1 mês

Recieri Scarduelli Neto

1ª Edição

recieri.com

Economia em 1 mês / Recieri Scarduelli Neto. – Criciúma – SC, 2024.

73p.

ISBN: 9798305168785

www.recieri.com

Copyright © 2024 Recieri Scarduelli Neto

Todos os direitos reservados.

Sumário

Epígrafe ... 5
Prefácio ... 5
Introdução ... 9
Dia 1: Micro & Macroeconomia ... 11
Dia 2: Demanda, Oferta e a Mão invisível ... 13
Dia 3: Elasticidade do Preço ... 15
Dia 4: Inflação ... 17
Dia 5: Como o dinheiro funciona ... 19
Dia 6: Instituições Financeiras & Crédito ... 21
Dia 7: Mercado de Capitais ... 23
Dia 8: Câmbio ... 25
Dia 9: Tributos ... 27
Dia 10: Poupança da Sociedade ... 29
Dia 11: Déficit Fiscal ... 31
Dia 12: Endividamento dos Países ... 33
Dia 13: Balança Comercial ... 35
Dia 14: Comunismo ... 37
Dia 15: Capitalismo ... 39
Dia 16: Keynesianismo e o Estado ... 41
Dia 17: Protecionismo ... 43
Dia 18: Desenvolvimento & Meio Ambiente ... 45
Dia 19: Emprego e Desemprego ... 47
Dia 20: A Divisão do Trabalho ... 49
Dia 21: Segurança Jurídica ... 51
Dia 22: Instituições: Inclusivas x Extrativistas ... 53
Dia 23: Tecnologia e Produtividade ... 55
Dia 24: Hiato do Produto ... 57
Dia 25: Risco ... 59
Dia 26: Ciclos Econômicos ... 61
Dia 27: Commodities ... 63
Dia 28: Padrão Ouro ... 65
Dia 29: Criptomoedas ... 67
Dia 30: Bolhas Financeiras ... 69
Glossário ... 71

Epígrafe

"Nenhuma sociedade pode prosperar e ser feliz se a maior parte de seus membros vive na pobreza e na miséria."

— Adam Smith, A Riqueza das Nações

A economia não é apenas uma ciência feita de números, gráficos e teorias. Ela é, acima de tudo, um reflexo das escolhas humanas e de seus impactos no mundo. Cada decisão que tomamos, seja individualmente ou como sociedade, contribui para moldar as condições econômicas que sustentam e ditam os rumos das nossas vidas. Do preço do pão à política de juros, das finanças pessoais às decisões governamentais, estamos mergulhados numa complexa rede de interações que define o nosso dia a dia.

Compreender economia é um caminho para entender as forças que promovem o progresso ou perpetuam desigualdades. É reconhecer como as escolhas individuais e coletivas podem ser motor de bem-estar ou obstáculo ao desenvolvimento.

A economia não é estática e o mundo que ela descreve está em constante transformação. Aprender sobre economia é, em última análise, uma forma de se preparar para participar de maneira ativa e consciente na construção de uma sociedade mais próspera e justa.

Não seja mais um na manada! Que este livro seja o início de uma jornada que inspire reflexões e ações para construirmos juntos uma sociedade mais próspera e justa.

Prefácio

Por Samantha de Castro Schuber

Ao longo da vida, temos a oportunidade de conhecer pessoas e passar a admirá-las por motivos diversos. Duas das características que mais cativam minha admiração são clareza e pragmatismo. A sensação que tenho ao ouvir uma pessoa falando com clareza é de paz. A paz de entender o que está sendo explicado, de saber qual é o objetivo daquela fala e de onde se quer chegar com aquela mensagem. É como se a ansiedade do mundo desaparecesse, e sobrasse apenas aquele momento em sua totalidade.

Quando recebi o convite para escrever este prefácio, senti uma enorme honra, que só não foi maior que o desafio de escrever um texto à altura da obra e de seu autor. Reci, obrigada pela oportunidade de descrever em palavras, e publicamente, a admiração que tenho pela sua inteligência e competência, além do carinho que tenho pela nossa amizade. É um prazer acompanhar suas realizações.

O autor desta obra, Recieri, possui exatamente as características que tanto admiro: é claro, didático e preciso. Poderíamos nos perguntar se ele é dessa forma por ser engenheiro, ou se escolheu a engenharia por ter tais qualidades. A verdade é que acredito que a engenharia apenas ajudou a polir tais características tão importantes em alguém que se propõe a escrever um livro com o objetivo de ensinar um assunto tão relevante.

Ao longo desta obra, você perceberá a concisão com que ele aborda temas vastos e profundos. Seguir a rotina de um capítulo por dia será como ter uma conversa despretensiosa, mas significativa, sobre economia diariamente. Em um mundo onde a superficialidade das discussões costuma prevalecer, tenho certeza que o conhecimento deste livro te proporcionará mais embasamento para discutir sobre a economia e seus efeitos no destino de um país.

Concluo afirmando que esta obra é um reflexo das três características que destaquei anteriormente: clareza, didática e precisão. Ler este livro é como ter uma conversa com Recieri: começa simples, você entende tudo, e termina achando que ficou mais inteligente só por estar ali.

Introdução

Bem-vindo ao livro "**Economia em 1 mês**", um guia prático que apresenta os principais conceitos econômicos de forma clara e acessível. Em apenas 1 mês você poderá sair do zero e alcançar uma compreensão sólida e prática sobre o funcionamento da economia.

A economia pode parecer, à primeira vista, um assunto reservado a especialistas ou acadêmicos. No entanto, todos somos peças fundamentais do sistema econômico, seja como consumidores, trabalhadores, empresários ou investidores. Este livro foi criado para ser o **ponto de partida** para esta compreensão, simplificando os conceitos sem abrir mão do rigor técnico. É uma leitura ideal para iniciantes que desejam explorar o tema e, principalmente, para aqueles que sentem que nunca tiveram a oportunidade de entender os mecanismos da economia. Afinal, é um fato: a maioria das nossas escolas ainda deixa a desejar quando se trata de ensinar esse assunto essencial.

Em vez de sobrecarregar o leitor com teorias extensas, busquei **simplificar os conceitos** e destacar os pontos essenciais de cada tema. A ideia é que, após a leitura deste livro, você esteja preparado para buscar informações adicionais sobre os tópicos que despertarem seu interesse. Afinal, a economia é uma área vasta e em constante evolução, e este livro é apenas um ponto de partida para um universo de conhecimento que se desdobra em inúmeras direções.

O livro está organizado em **30 capítulos independentes**, permitindo que você leia os temas de acordo com sua curiosidade, mas também segue uma ordem lógica para quem prefere uma leitura sequencial. Cada capítulo foi estruturado para uma leitura de **5 minutos**, oferecendo explicações diretas e exemplos práticos.

Então, seja disciplinado e invista 5 minutos diários no seu conhecimento. Neste mesmo dia do **próximo mês**, você terá uma visão abrangente do sistema econômico que nos cerca. Claro, isso não se aplica se você estiver lendo em fevereiro; nesse caso, pode terminar um pouco depois! Ah, e não se preocupe: não vou me ofender se você der uma pausa para curtir o Carnaval. O lazer também faz parte da economia!

Este livro não pretende esgotar os temas abordados, mas sim abrir a porta para que você possa, com base nessa leitura inicial, explorar ainda mais. Espero que ele seja uma motivação para a busca de **novos conhecimentos** em fontes mais aprofundadas e o desenvolvimento de uma compreensão mais sólida da economia. O mundo econômico é complexo, mas não precisa ser inacessível. Cada conceito dominado é um passo para tomar decisões mais informadas e alinhadas aos seus interesses, seja como cidadão, consumidor ou investidor.

Que este livro seja apenas o **primeiro passo** de uma trajetória de aprendizado e que lhe inspire a continuar explorando, questionando e aprendendo.

Dia 1: Micro & Macroeconomia

Economia é o estudo de como as pessoas, empresas e governos alocam recursos escassos para satisfazer suas necessidades e desejos. Dentro desse estudo, dividimos a economia em duas áreas principais: **microeconomia** e **macroeconomia**. Cada uma delas analisa questões específicas e escala, oferecendo uma perspectiva distinta sobre como o sistema econômico funciona.

Microeconomia é o estudo da economia em pequena escala. Ela se concentra nas escolhas e comportamentos de indivíduos e empresas em mercados específicos. Imagine que você é o dono de uma cafeteria. A microeconomia estuda como você decide o preço do *espresso* e do *capuccino*, levando em conta quanto pagou pelos grãos de café, pelo leite, pelo salário dos seus empregados, quanto os clientes estão dispostos a pagar e os preços que outras cafeterias estão cobrando. Ela também analisa como os consumidores escolhem entre cada um dos itens do cardápio, de acordo com suas preferências e o preço. Em resumo, a microeconomia foca nas decisões individuais e nos fatores que influenciam essas escolhas.

Os conceitos centrais na microeconomia incluem a **oferta** e a **demanda**, que afetam diretamente os preços dos bens e serviços. Se o preço da carne bovina aumentar, muitos consumidores talvez comprem menos carne bovina e optem por frango ou carne suína. Por outro lado, o açougueiro pode aumentar o preço da carne bovina se perceber que a demanda por ela continua alta, mesmo com o aumento. A microeconomia explica como esses movimentos de preço ocorrem e como cada indivíduo reage a eles.

Em contrapartida, temos a **macroeconomia**, que estuda a economia em uma escala maior, geralmente nacional ou global. Ela não está interessada no preço do *espresso* na cafeteria ou da carne no açougue, mas sim em temas como a **inflação**, o **desemprego** e o **crescimento econômico** de um país. Quando vemos notícias sobre o **PIB** (Produto Interno Bruto), que mede o total de bens e serviços produzidos em uma nação, estamos falando de macroeconomia.

Um exemplo simples de **macroeconomia** é quando o governo decide reduzir os juros para estimular a economia. Essa ação é tomada para incentivar empresas e pessoas a pegarem empréstimos e investirem, aumentando o consumo e, em última análise, o crescimento econômico.

Esse tipo de decisão impacta a economia como um todo, desde a taxa de desemprego até o custo de vida.

Outro conceito macroeconômico importante é a **inflação**. Quando há muito dinheiro circulando e poucos produtos, os preços tendem a subir, pois cada pessoa estará disposta a pagar mais. Esse aumento generalizado nos preços afeta toda a população e é uma das questões que a macroeconomia tenta entender e controlar.

Assim, enquanto a **microeconomia** olha para as pequenas peças do quebra-cabeça, como o preço do *espresso* ou da carne bovina, a **macroeconomia** observa o quadro completo, como o crescimento de uma economia inteira. Ambos os campos são essenciais para entender como a economia funciona, pois as pequenas decisões dos indivíduos e empresas (microeconomia) se somam e acabam impactando a economia nacional e global (macroeconomia).

Na prática, essas duas áreas se interligam constantemente. Uma crise econômica global (questão macroeconômica) pode fazer com que o açougueiro local (questão microeconômica) precise aumentar os preços devido ao custo maior de transporte ou até reduzir a variedade de carnes que oferece. Da mesma forma, decisões que tomamos como consumidores afetam o mercado em larga escala. Por exemplo, se todos decidirem economizar e reduzir o consumo, a economia poderá crescer mais devagar.

Portanto, tanto a microeconomia quanto a macroeconomia são essenciais para compreender como as escolhas de um indivíduo afetam o todo, e vice-versa. Elas permitem que entendamos desde o preço da sua xícara de café até os movimentos globais de crescimento e desenvolvimento econômico.

Dia 2: Demanda, Oferta e a Mão invisível

A **demanda** e a **oferta** são dois dos conceitos mais básicos e importantes na economia. Eles ajudam a entender como os preços dos bens e serviços são determinados. Imagine o mercado como uma feira onde compradores e vendedores se encontram para negociar produtos. Esse encontro de interesses cria a base para a formação dos preços, e é aqui que entram a demanda e a oferta.

Demanda representa o desejo e a capacidade das pessoas de comprar um bem ou serviço. Quanto maior o preço de um item, menos as pessoas tendem a comprá-lo, e vice-versa. Por exemplo, se o preço da carne bovina sobe, você pode optar por comprar frango ou carne suína, que custam menos. Isso ilustra a **lei da demanda**: quando o preço sobe, a quantidade demandada tende a cair. O contrário também é verdadeiro: preços mais baixos incentivam maior consumo, já que mais pessoas conseguem e querem comprar o produto.

Oferta, por sua vez, representa a quantidade de um bem ou serviço que os vendedores estão dispostos a fornecer a diferentes preços. Em geral, quanto mais alto o preço de um produto, mais os vendedores querem oferecê-lo no mercado, pois conseguem maior lucro. Se o preço da carne bovina aumenta, os fornecedores de carne bovina têm um incentivo para aumentar a quantidade ofertada, aproveitando a demanda dos consumidores dispostos a pagar mais. Esse é o princípio da **lei da oferta**: quando o preço aumenta, a quantidade ofertada tende a aumentar.

Quando esses dois lados se encontram, temos o **equilíbrio de mercado**: um ponto onde a quantidade que os consumidores querem comprar é praticamente igual à quantidade que os vendedores querem vender. Esse ponto de equilíbrio determina o preço do produto. Se o preço estiver acima do equilíbrio, haverá mais oferta do que demanda, criando um excedente. Com o excesso de produtos, os vendedores tendem a reduzir os preços para atrair mais compradores. Já quando o preço está abaixo do equilíbrio, a demanda é maior que a oferta, gerando uma escassez. Nesse caso, os vendedores aumentam os preços, sabendo que os compradores estão dispostos a pagar mais para garantir o produto.

Esse movimento de ajuste dos preços e das quantidades entre oferta e demanda reflete o que o economista Adam Smith chamou de **mão invisível**. A ideia é que, mesmo sem uma pessoa específica controlando os preços ou orientando as decisões, o mercado se organiza de maneira "automática", como se fosse guiado por uma "mão invisível". As escolhas de compra e venda individuais acabam se somando e promovendo o equilíbrio no mercado, o que beneficia todos os envolvidos. Cada pessoa, ao agir no próprio interesse — seja ao buscar o melhor preço como consumidor ou o maior lucro como vendedor —, contribui para o funcionamento do sistema econômico como um todo.

Imagine uma situação em que há uma nova safra de uvas finas em baixa quantidade, o que aumenta o preço dos vinhos de alta qualidade. Com menos oferta, os produtores podem cobrar mais, pois sabem que os consumidores desse tipo de vinho estão dispostos a pagar. Esse aumento de preço sinaliza aos agricultores que o cultivo dessas uvas está mais lucrativo, incentivando-os a expandir a produção para a próxima safra. Com o tempo, a oferta de uvas pode aumentar e o preço tende a voltar ao equilíbrio. Esse exemplo mostra como a **mão invisível**, guiada pelas variações de oferta e demanda, incentiva o mercado a se ajustar de maneira eficiente.

A mão invisível é um conceito central no pensamento econômico liberal, onde se acredita que o mercado tende a se regular sem necessidade de intervenções externas, como as do governo. No entanto, em algumas situações, o mercado não se ajusta tão facilmente. Em casos de **monopólios** (onde uma única empresa controla o mercado), a "mão invisível" pode não funcionar como esperado, e a intervenção governamental pode ser necessária para garantir o equilíbrio e o bem-estar social.

Assim, por meio dessa lógica, os mercados geralmente se ajustam sozinhos, com consumidores e produtores tomando decisões baseadas em preços e nos seus interesses e preferências. Esse mecanismo ajuda a sociedade a alocar recursos de forma eficiente, definindo preços e quantidades que refletem o que as pessoas realmente querem e o que os produtores estão dispostos a oferecer. Esses conceitos continuam sendo a base da teoria econômica e do entendimento de como o mercado atua para equilibrar necessidades e recursos disponíveis.

Dia 3: Elasticidade do Preço

Elasticidade do preço é um conceito fundamental em economia que mede como a quantidade demandada ou ofertada de um bem responde a mudanças em seu preço. Em outras palavras, elasticidade nos mostra o quanto o consumo ou a oferta de um produto pode aumentar ou diminuir quando o preço se altera. Esse conceito é essencial para entender como consumidores e produtores reagem a variações de preço e ajuda empresas e governos a tomar decisões informadas sobre produção, impostos e políticas de preço.

Para entender a elasticidade do preço, podemos dividir os bens em dois tipos: **bens elásticos** e **bens inelásticos**. Um bem é considerado **elástico** quando a quantidade demandada ou ofertada responde significativamente a mudanças de preço. Imagine, por exemplo, uma situação em que o preço da carne bovina sobe muito. Diante desse aumento, muitos consumidores podem decidir substituir a carne bovina por frango, que é uma alternativa mais barata. Como a demanda por carne bovina cai drasticamente com o aumento do preço, dizemos que ela é **elástica**.

Por outro lado, temos os **bens inelásticos**, aqueles cuja demanda ou oferta não muda muito mesmo com grandes variações de preço. Por exemplo, se considerarmos o pão, a maioria das pessoas vai continuar comprando o produto, mesmo que seu preço suba um pouco. Isso ocorre porque o pão é um alimento básico e não há substitutos diretos que ofereçam alternativa para este hábito de consumo. Assim, mesmo com um aumento de preço, a quantidade demandada de pão se mantém relativamente estável, indicando que ele é um bem **inelástico**.

A elasticidade do preço depende de fatores, como a **disponibilidade de substitutos**, a **necessidade** do produto e a **proporção da renda** que o consumidor gasta com ele. Produtos com muitos substitutos, como carne bovina, tendem a ser mais **elásticos**, pois os consumidores podem alternar entre eles conforme o preço oscila. Já produtos que representam uma pequena parte do orçamento ou são considerados essenciais, como medicamentos, tendem a ser mais **inelásticos**.

Em termos numéricos, a elasticidade do preço pode ser calculada e classificada em três categorias principais:

1. **Elasticidade maior que 1**: indica que o bem é elástico, ou seja, a quantidade demandada varia mais que proporcionalmente ao preço.

2. **Elasticidade menor que 1**: indica que o bem é inelástico, com a quantidade demandada variando menos que proporcionalmente ao preço.

3. **Elasticidade igual a 1**: indica que o bem é unitário, ou seja, a variação na quantidade demandada é proporcional à variação no preço.

Imagine agora que o preço dos vinhos finos aumenta. Como o vinho de alta qualidade geralmente é visto como um produto de luxo, sua demanda tende a ser elástica. Muitas pessoas podem optar por vinhos de menor preço ou até por outras bebidas, como cerveja, quando o preço do vinho sobe. Assim, um pequeno aumento no preço do vinho premium pode gerar uma queda significativa na quantidade demandada.

Esse conceito de elasticidade também é importante para os **governos**. Quando um governo decide aumentar o imposto sobre um produto, ele precisa considerar a elasticidade desse bem. Se o imposto for sobre um produto elástico, como vinhos de alta qualidade, o consumo pode cair drasticamente, resultando em menor arrecadação de impostos. Já um imposto sobre produtos inelásticos, como combustíveis, tende a manter a arrecadação, pois a demanda é menos sensível a mudanças de preço.

Da mesma forma, a elasticidade do preço também ajuda empresas a definir estratégias de preço. Uma empresa que vende produtos elásticos precisa ter cuidado ao aumentar os preços, pois isso pode levar os consumidores a optarem por substitutos. Por outro lado, se a empresa vende um produto inelástico, ela pode ter maior flexibilidade para ajustar os preços sem perder muitos clientes.

Em resumo, a elasticidade do preço é uma medida poderosa que ajuda a prever o comportamento do mercado e a tomar decisões estratégicas. Ao entender a sensibilidade dos consumidores e produtores a mudanças de preço, podemos avaliar como diferentes setores respondem a variações de custo, impostos e políticas públicas. Esse conceito é vital para que tanto empresas quanto governos alcancem o equilíbrio entre preço, demanda e oferta.

Dia 4: Inflação

Inflação é o termo usado para descrever o aumento geral dos preços de bens e serviços em uma economia ao longo do tempo. Em outras palavras, inflação significa que o dinheiro perde poder de compra, e o que antes comprava uma certa quantidade de produtos, agora compra menos. Ela é um dos conceitos econômicos mais discutidos, pois afeta diretamente o custo de vida, a poupança, os investimentos e até o crescimento econômico de um país.

Imagine que você faz compras regulares de carne e café. Com a inflação, o preço desses produtos pode aumentar mês a mês, o que significa que você precisa de mais dinheiro para comprar as mesmas quantidades. Esse aumento constante nos preços de bens essenciais pode impactar bastante o orçamento das famílias, especialmente as de menor renda, que costumam sentir mais o peso da inflação nos itens do dia a dia.

Existem diferentes tipos de inflação, sendo os mais comuns: **inflação de demanda** e **inflação de custo**. A inflação de demanda ocorre quando há um aumento geral no consumo, mas a oferta de bens e serviços não consegue acompanhar. Por exemplo, se muitas pessoas começam a comprar carne devido a uma maior disponibilidade de crédito, os preços tendem a subir, pois há mais dinheiro e demanda, mas a quantidade ofertada de carne disponível pode não acompanhar. Esse tipo de inflação é impulsionado pelo excesso de procura (demanda).

Já a inflação de custo ocorre quando o custo de produção dos produtos aumenta, e as empresas repassam esse custo para o consumidor. Imagine que o custo da ração para o gado aumenta significativamente. Esse custo maior encarece a produção de carne bovina, o que leva os açougues a subirem os preços para manter suas margens de lucro. Esse aumento é transmitido ao consumidor, que acaba pagando mais caro pela carne.

A inflação pode ser medida de várias formas, sendo o **Índice de Preços ao Consumidor (IPC)** uma das mais comuns em nível global. No Brasil, o IPC é conhecido como **IPCA (Índice de Preços ao Consumidor Amplo)**, que monitora os preços de uma cesta de produtos básicos, como alimentos, energia e vestuário, para refletir a variação média dos preços. Quando o IPCA sobe, isso indica que a inflação está aumentando. Outro índice utilizado no Brasil é o **IGP-M (Índice Geral de Preços do Mercado)**, que, além do consumo, considera o custo de matérias-primas e bens intermediários, refletindo as oscilações do setor produtivo.

Taxas de inflação moderadas são comuns e até esperadas em economias saudáveis. Elas indicam que a economia está crescendo, o que pode estimular o consumo e o investimento. No entanto, quando a inflação se torna **alta ou descontrolada**, surge a **hiperinflação**. A hiperinflação é um cenário em que os preços sobem tão rapidamente que o dinheiro perde valor quase instantaneamente, levando à desvalorização completa da moeda. No Brasil, esse fenômeno ocorreu no final da década de 1980 e início da década de 1990, quando a inflação chegou a ultrapassar os 80% ao mês. Nesse período, os preços dos produtos aumentavam tanto que as pessoas corriam aos supermercados no início do dia de pagamento para evitar que o valor de seus salários se perdesse antes do anoitecer.

Para controlar a inflação, os **bancos centrais** desempenham um papel crucial. Eles utilizam a **política monetária** para influenciar a quantidade de dinheiro em circulação na economia. Uma medida comum é o ajuste das taxas de juros. Quando o banco central aumenta os juros, ele torna o crédito mais caro, desestimulando o consumo e, consequentemente, reduzindo a pressão inflacionária. Em contrapartida, quando os juros são baixos, o crédito é mais acessível, incentivando o consumo e podendo aumentar a inflação se a economia já estiver aquecida.

A inflação afeta diretamente a poupança e o investimento. Quando o dinheiro perde valor, as pessoas percebem que seu poder de compra diminui ao longo do tempo, incentivando-as a buscar investimentos que ofereçam rendimentos acima da inflação. Investir em ativos, como ações ou papéis de renda fixa, pode ser uma forma de proteger o patrimônio contra a perda de valor da moeda.

Dia 5: Como o dinheiro funciona

Dinheiro é uma ferramenta fundamental na economia moderna, servindo como meio de troca, unidade de medida e reserva de valor. Ele facilita as transações e permite que as pessoas troquem bens e serviços sem precisar recorrer ao escambo, em que cada parte deve oferecer algo que o outro precise. Mas, afinal, como o dinheiro funciona?

O dinheiro, na sua forma mais básica, surgiu para resolver problemas de troca direta. Imagine que você cria gado e precisa de roupas, entretanto o alfaiate não precisa de carne naquele momento, portanto a troca não é possível. O dinheiro surgiu como um intermediário neutro, algo que todos valorizam e podem usar em qualquer momento.

Hoje, o dinheiro vai muito além disso e tem três funções principais: **meio de troca, unidade de conta** e **reserva de valor**.

Como **meio de troca**, o dinheiro é aceito por todos em uma economia, facilitando transações de maneira prática. Ele simplifica a compra e venda de itens e evita o problema da "coincidência de desejos" que ocorre no escambo. Por exemplo, você pode vender carne bovina e comprar roupas, mesmo que o alfaiate não queira carne bovina em troca. A sociedade aceita o dinheiro como um instrumento universal de pagamento.

A segunda função do dinheiro é atuar como **unidade de conta**. Isso significa que ele oferece uma forma comum de medir o valor de bens e serviços, o que torna os preços comparáveis.

Por exemplo, o preço de um quilo de carne bovina custa $100 e um quilo de carne suína custa $60, ambos em uma mesma moeda. Isso ajuda os consumidores a avaliar o que podem comprar e a escolher com base no preço, caso contrário eles deveriam avaliar que 1 quilo e meio de suíno equivalem a 900 gramas de carne bovina. Complicado, não é mesmo? Essa função permite que as pessoas comparem o valor relativo de produtos e tomem decisões de consumo de maneira prática.

A terceira função do dinheiro é ser uma **reserva de valor**. Ou seja, ele permite que as pessoas guardem recursos para uso futuro, mantendo seu poder de compra ao longo do tempo. Em um mundo sem dinheiro, guardar riqueza seria mais complicado, pois bens como alimentos são perecíveis e perdem valor rapidamente. O dinheiro é uma forma eficiente de manter o valor dos recursos, facilitando a acumulação de poupança e o planejamento financeiro. No entanto, essa função só é eficiente em ambientes de inflação moderada; em casos de hiperinflação, o dinheiro perde valor tão rapidamente que as pessoas preferem trocar seus recursos por bens ou outras moedas estáveis.

Para que o dinheiro funcione bem em uma economia, ele precisa ter certas características: **portabilidade**, **divisibilidade**, **durabilidade** e **aceitação**. O dinheiro deve ser fácil de transportar e dividir em pequenas unidades, além de ser durável para resistir ao desgaste do tempo. Além disso, ele precisa ser amplamente aceito para cumprir suas funções de maneira eficiente. O papel-moeda, como conhecemos hoje, cumpre esses critérios, mas o avanço da tecnologia trouxe novas formas de dinheiro, como o **dinheiro digital** e as **criptomoedas**.

O **papel-moeda** tradicional é emitido e controlado pelos bancos centrais, que gerenciam a quantidade de dinheiro em circulação para manter a estabilidade econômica. Já o **dinheiro digital**, como o que usamos em transações eletrônicas, é apenas uma representação virtual do dinheiro físico, portanto conta com o mesmo respaldo dos governos e dos bancos centrais. As **criptomoedas**, como o Bitcoin, são uma forma mais recente de dinheiro digital, que opera de maneira descentralizada, sem o controle de uma autoridade central.

O valor do dinheiro não está mais diretamente ligado a um bem físico, como o ouro, como era no passado. Hoje, o valor da moeda é sustentado pela **confiança** das pessoas no governo e nas instituições financeiras que a emitem. Isso é conhecido como **moeda fiduciária**, onde o dinheiro tem valor porque todos acreditam que ele poderá ser trocado por bens e serviços no futuro. Se essa confiança se perde, o valor do dinheiro pode ser drasticamente reduzido, como ocorre em situações de crise econômica ou política.

Portanto, o dinheiro é mais do que apenas papel ou números em uma conta bancária. Ele representa a confiança de que a sociedade valoriza um mesmo instrumento de troca e que, ao usá-lo, todos podem adquirir o que precisam. É essa confiança e o controle cuidadoso do dinheiro que permitem que as economias modernas funcionem de maneira organizada e eficiente, facilitando trocas, investimentos e o crescimento econômico.

Dia 6: Instituições Financeiras & Crédito

As **instituições financeiras** são fundamentais para o funcionamento da economia, desempenhando um papel essencial na gestão do **crédito** e na circulação de dinheiro. Elas atuam como intermediárias financeiras, conectando pessoas e empresas que têm dinheiro sobrando (os poupadores) com aqueles que precisam de dinheiro para investir ou consumir (os tomadores de crédito). Esse sistema de intermediação permite que o dinheiro flua pela economia, incentivando o crescimento e a inovação.

O funcionamento de uma instituição financeira, como um banco, é relativamente simples: ela capta recursos dos poupadores, oferecendo a eles uma taxa de juros sobre o dinheiro depositado, e empresta esses recursos a outras pessoas e empresas, cobrando uma taxa de juros mais alta. A diferença entre as taxas de captação (o que a instituição paga aos poupadores) e as taxas de empréstimo (o que ela cobra dos tomadores) é o que gera lucro (*spread*). Esse processo de captação e empréstimo ajuda a direcionar o dinheiro para onde ele é mais necessário, seja para uma pessoa que quer comprar uma casa ou para uma empresa que deseja expandir.

O **crédito** é o principal produto oferecido pelas instituições financeiras e representa a possibilidade de acessar dinheiro agora com o compromisso de devolvê-lo com juros no futuro. O crédito é uma ferramenta poderosa, pois permite que indivíduos e empresas realizem investimentos e projetos antes de acumular o dinheiro necessário para tal, acelerando o crescimento econômico.

Existem diferentes tipos de crédito, sendo os mais comuns o **crédito pessoal**, o **financiamento imobiliário** e o **crédito empresarial**. O crédito pessoal é geralmente oferecido com base na renda do tomador e pode ser utilizado para consumo, enquanto o financiamento imobiliário é destinado especificamente à compra de imóveis e oferece prazos mais longos para pagamento. O crédito empresarial, por sua vez, é oferecido a empresas para que possam investir em projetos e aumentar a quantidade e qualidade da sua produção.

A concessão de crédito, no entanto, não é feita de forma indiscriminada. As instituições financeiras avaliam o **risco de crédito**, que é a possibilidade de que o tomador não consiga pagar o empréstimo no prazo estipulado. Para minimizar esse risco, utilizam métodos de análise, como a verificação do histórico de crédito do cliente, sua capacidade de pagamento e garantias, como imóveis, que podem ser usados para compensar o banco caso o tomador não cumpra com suas obrigações.

Esse processo de análise ajuda a garantir que o crédito seja concedido de forma responsável e sustentável, evitando problemas futuros tanto para a instituição quanto para o tomador. Dessa forma, as instituições financeiras contribuem com a sociedade na escolha dos melhores tomadores de créditos e por consequência dando o melhor uso aos recursos escassos.

Taxa de juros é outro aspecto fundamental no sistema de crédito. Os juros representam o custo do dinheiro no tempo, compensando a instituição financeira pelo risco e pela indisponibilidade dos recursos emprestados. Taxas de juros mais altas indicam um maior custo do crédito, o que pode desincentivar o consumo e o investimento. Em contrapartida, taxas de juros mais baixas tornam o crédito mais acessível, incentivando o gasto e o crescimento econômico. Por isso, os bancos centrais controlam as taxas de juros básicas da economia, usando-as como instrumento de política monetária para estimular ou frear a economia conforme necessário.

O papel das instituições financeiras vai além do crédito. Elas também oferecem serviços de pagamento, como contas correntes, cartões de crédito e transferências, que facilitam o dia a dia das pessoas e das empresas e por consequência o bom fluxo do dinheiro dentro da economia.

Em resumo, as instituições financeiras e o crédito são pilares essenciais para o funcionamento da economia, ajudando a financiar o consumo e o investimento e facilitando a circulação de dinheiro. Ao conectar poupadores e tomadores de forma eficiente, o sistema financeiro contribui para o desenvolvimento econômico e social, possibilitando que recursos sejam alocados de maneira produtiva e sustentável.

Dia 7: Mercado de Capitais

O mercado de capitais é o ambiente onde empresas e governos captam recursos para financiar seus projetos de longo prazo, como expansões, novos negócios e infraestrutura. Esse mercado permite que investidores individuais e institucionais apliquem seu capital em busca de retorno, seja por meio da valorização dos ativos ou do pagamento de dividendos e juros. O mercado de capitais é essencial para o crescimento econômico, pois direciona recursos para onde eles podem ser mais produtivos.

Um dos principais componentes do mercado de capitais é o mercado de ações, onde empresas vendem uma parcela de sua propriedade em forma de ações. Quando uma empresa deseja expandir, ela pode abrir seu capital ao público, lançando ações na bolsa de valores. Isso é conhecido como oferta pública inicial (IPO). Com a venda dessas ações, a empresa obtém recursos que podem ser usados para investir em novos projetos. Em troca, os investidores se tornam acionistas e podem se beneficiar dos lucros futuros da empresa, além de terem a oportunidade de vender suas ações por um preço maior se a empresa valorizar.

Outro importante segmento do mercado de capitais é o mercado de crédito, onde empresas e governos emitem títulos para financiar suas atividades. Esses títulos, chamados de debêntures ou títulos públicos, são contratos em que o emissor (a empresa ou o governo) se compromete a devolver o valor emprestado ao investidor, acrescido de juros. No caso dos títulos públicos, os governos utilizam os recursos captados para financiar projetos de infraestrutura pública, educação, saúde, entre outros. Já as empresas utilizam as debêntures para investimentos em expansão, aquisição de equipamentos e outras necessidades de capital.

O mercado secundário é onde as ações e títulos já emitidos podem ser comprados e vendidos entre investidores. Isso cria liquidez para os ativos, permitindo que os investidores convertam suas participações em dinheiro sempre que desejarem. A existência de um mercado secundário desenvolvido é crucial, pois aumenta a atratividade dos ativos financeiros e permite que investidores ajustem suas carteiras de investimento conforme suas necessidades e expectativas de retorno.

Corretoras e distribuidoras de valores são instituições essenciais no mercado de capitais. Elas intermediam a compra e venda de ações, títulos e outros ativos financeiros para os investidores. As corretoras oferecem plataformas de negociação e orientações para ajudar os investidores a escolherem os melhores ativos para seu perfil. No Brasil, a B3 é o principal local de negociação de ações e outros ativos.

O risco é uma característica importante do mercado de capitais. Diferentes ativos possuem diferentes níveis de risco e retorno. Por exemplo, ações de empresas estabelecidas, como grandes bancos ou companhias de energia, tendem a ter menor volatilidade em comparação com ações de empresas de menor capitalização (*small caps*), que podem oferecer retornos maiores, mas também apresentam riscos mais elevados. Por isso, investidores precisam avaliar seu perfil de risco antes de escolherem os ativos que vão compor suas carteiras. Para reduzir os riscos, muitos investidores optam por diversificar seus investimentos entre diferentes tipos de ativos.

O mercado de capitais também tem um impacto direto na economia como um todo. Quando empresas e governos conseguem captar recursos para projetos de crescimento, isso gera empregos, estimula a inovação e aumenta a produtividade. Além disso, o mercado de capitais possibilita que investidores individuais e institucionais invistam em setores diversos, participando do desenvolvimento de novas tecnologias, da construção de infraestrutura e de projetos sustentáveis.

É importante notar que o mercado de capitais é regulado por órgãos específicos, como a Comissão de Valores Mobiliários (CVM) no Brasil. A CVM supervisiona o mercado para garantir que as informações fornecidas pelas empresas sejam transparentes e que as práticas de negociação sejam justas. Isso ajuda a proteger os investidores e a manter a confiança do mercado.

Em resumo, o mercado de capitais é um pilar essencial do sistema financeiro, proporcionando uma plataforma para que empresas e governos captem recursos e que investidores encontrem oportunidades de investimento. Ao unir investidores e emissores de forma eficiente, o mercado de capitais contribui para o desenvolvimento econômico, promovendo crescimento e inovação em toda a sociedade.

Dia 8: Câmbio

Câmbio é o sistema pelo qual as moedas de diferentes países são trocadas entre si. O mercado de câmbio, também conhecido como Forex (*foreign exchange*), é um dos maiores mercados do mundo e desempenha um papel crucial na economia global. Ele permite que empresas, governos e indivíduos realizem transações internacionais, como compras, investimentos e turismo, ao converter uma moeda em outra.

O valor de uma moeda em relação a outra é chamado de **taxa de câmbio**. Essa taxa determina quantas unidades de uma moeda são necessárias para adquirir uma unidade de outra. Por exemplo, se a taxa de câmbio entre o real e o dólar é de 5, isso significa que são necessários 5 reais para comprar 1 dólar. As taxas de câmbio são determinadas pela oferta e demanda de cada moeda no mercado de câmbio e podem variar ao longo do tempo devido a fatores econômicos, políticos e sociais.

Existem dois tipos principais de **regimes cambiais**: o **câmbio fixo** e o **câmbio flutuante**. No câmbio fixo, o banco central de um país define uma taxa de câmbio específica e se compromete a manter essa taxa. Para isso, o banco central precisa comprar e vender suas reservas de moeda estrangeira para ajustar a oferta e demanda, mantendo o valor da moeda estável. Esse sistema foi amplamente utilizado durante o século XX, mas hoje é menos comum, pois exige que o governo mantenha grandes **reservas de moeda estrangeira**, o que pode ser muito oneroso.

No regime de câmbio flutuante, que é o mais comum atualmente, as taxas de câmbio são determinadas pelo mercado, ou seja, pela oferta e demanda de cada moeda. Em um sistema de câmbio flutuante, a taxa de câmbio pode variar diariamente de acordo com fatores como taxas de juros, inflação, expectativas econômicas e estabilidade política. Por exemplo, se os investidores internacionais acreditam que o Brasil está em crescimento econômico e oferece boas oportunidades de investimento, eles podem comprar reais, aumentando a demanda e, consequentemente, o valor da moeda. O câmbio flutuante permite que a moeda se ajuste às condições econômicas e reflete as percepções dos agentes econômicos sobre o país.

O câmbio afeta diretamente o **comércio internacional** e a **economia doméstica**. Quando uma moeda se valoriza, os produtos importados se tornam mais baratos, o que pode beneficiar consumidores e empresas que dependem de insumos estrangeiros. Por outro lado, uma moeda valorizada pode prejudicar as exportações, pois os produtos nacionais se tornam mais caros para compradores estrangeiros. Já uma moeda desvalorizada tende a encarecer as importações, aumentando o custo de produtos importados, mas pode beneficiar as exportações, pois os produtos locais ficam mais competitivos no mercado internacional.

Para controlar e direcionar essas valorizações e desvalorizações da moeda, os governos ou bancos centrais utilizam a **política cambial** que é o conjunto de ações para influenciar a taxa de câmbio de um país, conforme os objetivos econômicos. Por exemplo, para controlar a inflação, o banco central pode elevar as taxas de juros, o que atrai investimentos estrangeiros e valoriza a moeda. Por outro lado, se o governo deseja estimular as exportações, ele pode adotar políticas que resultem na desvalorização da moeda, tornando os produtos locais mais atrativos no mercado global.

No Brasil, o Banco Central desempenha um papel importante na estabilização do câmbio. Embora o país adote um sistema de câmbio flutuante, o Banco Central intervém no mercado de câmbio ocasionalmente para evitar oscilações bruscas que possam afetar a economia, ajudando a manter a confiança e a estabilidade no sistema financeiro.

Em resumo, o câmbio é um elemento central para o comércio internacional e para a economia de um país. Ele impacta diretamente os preços dos bens e serviços, a competitividade das exportações e o poder de compra dos cidadãos. A gestão do câmbio e a estabilidade da moeda são essenciais para o desenvolvimento econômico e para que o país possa se beneficiar do comércio internacional.

Dia 9: Tributos

Tributos são valores pagos por pessoas físicas e jurídicas ao governo para financiar suas atividades e serviços públicos. Esses recursos são essenciais para que o Estado ofereça saúde, educação, segurança, infraestrutura e outros serviços à sociedade. De forma simples, podemos imaginar que os tributos funcionam como uma taxa de condomínio: todos os moradores de um condomínio contribuem para a manutenção e melhorias das áreas comuns, como limpeza, segurança e iluminação. Da mesma forma, os tributos pagos pelos cidadãos sustentam os serviços e estruturas que beneficiam a sociedade como um todo, fazendo da cidade ou do país um "grande condomínio".

Existem diferentes tipos de tributos, cada um com característica, finalidade e forma de arrecadação específica. Os principais tipos são **impostos**, **taxas** e **contribuições**.

Os **impostos** são tributos cobrados sem uma contrapartida direta de serviços específicos. Ou seja, o governo não precisa oferecer um serviço exclusivo em troca do imposto arrecadado. Exemplos comuns de impostos no Brasil incluem o Imposto sobre Produtos Industrializados (IPI), o Imposto sobre a Renda (IR) e o Imposto sobre a Propriedade de Veículos Automotores (IPVA). O IPI incide sobre produtos fabricados no país ou importados, o IR é cobrado sobre a renda de pessoas e empresas, e o IPVA é pago pelos proprietários de veículos.

As **taxas** são tributos cobrados em troca de um serviço específico prestado pelo governo ao **contribuinte**. Um exemplo comum é a taxa de lixo, que financia a coleta e o tratamento de resíduos sólidos. Diferente dos impostos, as taxas estão diretamente ligadas a um serviço específico, sendo cobradas apenas de quem se beneficia desse serviço.

As **contribuições** são tributos destinados a um fim específico, geralmente para financiar áreas sociais, como previdência, saúde e seguridade social. A Contribuição para o Financiamento da Seguridade Social (COFINS) e o Programa de Integração Social (PIS) são exemplos de contribuições no Brasil. Esses tributos são pagos pelas empresas e direcionados ao financiamento da seguridade social, que inclui saúde pública, previdência e assistência social.

Além dos tributos, existe a distinção entre **impostos indiretos** e **impostos diretos**. Os impostos indiretos incidem sobre o consumo e estão embutidos no preço dos produtos e serviços. O Imposto sobre Circulação de Mercadorias e Serviços (ICMS), por exemplo, é um imposto estadual que incide sobre produtos como alimentos, combustíveis e eletrônicos. Como ele é cobrado na compra de bens e serviços, o consumidor nem sempre percebe que está pagando o imposto, pois ele já está incluído no valor final. Já os impostos diretos são cobrados diretamente do contribuinte, como o Imposto de Renda.

Progressividade e **regressividade** são conceitos importantes no sistema tributário. O imposto é progressivo quando a taxa aumenta conforme a renda do contribuinte, como ocorre no IR. Esse tipo de imposto visa tornar o sistema mais justo, pois os que ganham mais pagam uma proporção maior de sua renda. Em contrapartida, um imposto regressivo é aquele que pesa mais sobre os que recebem menos, como os impostos sobre o consumo. Isso ocorre porque todos pagam o mesmo valor de imposto ao consumir um bem ou serviço, mas esse valor representa uma porcentagem maior da renda de quem ganha menos.

O **sistema tributário** tem impacto direto na economia e na distribuição de renda de um país. Um sistema de tributos bem estruturado permite que o governo arrecade o necessário para financiar seus serviços sem sobrecarregar os contribuintes. No entanto, quando os tributos são mal planejados ou excessivos, podem desincentivar o consumo e o investimento, afetando o crescimento econômico.

Além de arrecadar recursos, os tributos podem ser utilizados como instrumentos de política econômica. O governo pode reduzir impostos sobre determinados setores para estimular o crescimento ou aumentar os impostos sobre produtos específicos, como cigarros, para inibir o consumo. Esse uso dos tributos permite que o governo atue diretamente sobre o comportamento dos consumidores e das empresas, buscando equilíbrio entre arrecadação e incentivo ao desenvolvimento econômico.

Em resumo, os tributos são um dos pilares do funcionamento do Estado, permitindo que ele atenda às necessidades da população. Assim como a taxa de condomínio mantém as áreas comuns de um prédio, os tributos garantem os serviços públicos. Um sistema tributário eficiente busca o equilíbrio entre o bem estar social e o crescimento econômico, para que o país possa prosperar com serviços e oportunidades para todos.

Dia 10: Poupança da Sociedade

A **poupança da sociedade** representa o conjunto dos recursos economizados por indivíduos, empresas e governos em uma economia. A ideia de poupança vai além do simples ato de guardar dinheiro, ela é essencial para o **crescimento econômico** e o bem-estar de um país. Quando a sociedade poupa, gera recursos que podem ser direcionados para investimentos em infraestrutura, educação, saúde e inovação, fortalecendo a base para o **desenvolvimento futuro**.

A poupança da sociedade começa com a poupança das famílias, que ocorre quando as pessoas destinam parte de sua renda ao consumo imediato e reservam outra parte para o futuro. Essa **reserva** pode estar guardada em uma conta poupança, em aplicações financeiras ou em bens duráveis. Por exemplo, uma família pode decidir poupar uma parcela de sua renda mensal para realizar projetos futuros, como comprar uma casa ou pagar pela educação dos filhos. Ao fazer isso, ela não só protege seu próprio futuro como contribui para a **estabilidade econômica**, ao oferecer recursos que podem ser usados por terceiros, como instituições financeiras e empresas.

Já as empresas também contribuem para a poupança da sociedade ao reservar parte de seus lucros para reinvestir em seu próprio crescimento. Em vez de distribuir todo o lucro aos acionistas, as empresas podem optar por reservar esses recursos para reinvestir em novos projetos, equipamentos e tecnologias. Esse tipo de poupança empresarial é fundamental para o aumento da produtividade e a geração de empregos, pois possibilita a expansão e a modernização das atividades. Empresas que investem constantemente em si mesmas têm melhores chances de se adaptar às mudanças de mercado e de crescer de forma sustentável.

Os governos também desempenham um papel importante na poupança da sociedade. Embora não seja comum pensar em governos como "poupadores," eles podem, sim, acumular reservas por meio de **superávits fiscais**, ou seja, quando arrecadam mais do que gastam. Esses recursos podem ser utilizados para enfrentar crises econômicas, financiar investimentos de longo prazo e reduzir a dependência de dívidas. Por exemplo, um governo que economiza em tempos de bonança pode usar essas reservas para manter a economia estável em períodos de recessão, reduzindo o impacto sobre a população.

A poupança é essencial para a **formação de capital**, que representa o investimento em ativos produtivos como fábricas, infraestrutura, máquinas e tecnologia. Sem uma base sólida de poupança, a economia tem menos recursos para financiar esses investimentos. É a poupança que alimenta o sistema financeiro, permitindo que os bancos e outras instituições emprestem dinheiro para quem deseja investir. Por isso, quanto maior a poupança da sociedade, mais oportunidades existem para que empresas e indivíduos realizem projetos de longo prazo.

No entanto, a poupança e o consumo precisam estar em equilíbrio. Se a sociedade poupa demais e consome pouco, a economia pode desacelerar, pois a demanda por produtos e serviços diminui. Por outro lado, se a sociedade consome demais e poupa pouco, faltam recursos para investimentos, o que pode limitar o crescimento a longo prazo. O ideal é que a sociedade encontre um equilíbrio que sustente a atividade econômica no presente, mas também possibilite o crescimento futuro.

A **taxa de juros** é um dos fatores que influenciam a poupança da sociedade. Quando as taxas de juros são altas, poupar se torna mais atrativo, pois os rendimentos sobre o dinheiro guardado aumentam. Já quando as taxas de juros são baixas, o consumo é incentivado, pois o custo de oportunidade de gastar o dinheiro é menor. Os bancos centrais, como o Banco Central do Brasil, usam a taxa de juros como uma ferramenta para regular o nível de poupança e consumo na economia, buscando manter um equilíbrio que favoreça o desenvolvimento econômico.

Outro fator que influencia o nível de poupança é a **cultura** de uma sociedade. Em países como o Japão, a prudência financeira e o planejamento são altamente valorizados, levando a um nível de poupança elevado. Nos Estados Unidos, a cultura tende a favorecer o consumo imediato, resultando em menores taxas de poupança. Esse contraste cultural mostra como a visão sobre o consumo e o futuro impacta a economia de cada país.

Em resumo, a poupança da sociedade é um dos motores para o crescimento econômico sustentável. Ela permite que famílias, empresas e governos reservem recursos para o futuro, criando uma base sólida para investimentos e desenvolvimento. Ao equilibrar consumo e poupança, uma sociedade consegue atender às necessidades do presente enquanto constrói um caminho de prosperidade para as gerações futuras.

Dia 11: Déficit Fiscal

O **déficit fiscal** ocorre quando o governo gasta mais do que arrecada em um determinado período. Esse **desequilíbrio entre receitas e despesas** resulta em um valor negativo nas contas públicas, indicando que o governo precisa buscar formas de financiar essa diferença. O déficit fiscal pode gerar impactos significativos sobre a inflação, a taxa de juros, a dívida pública e o crescimento econômico de um país.

O déficit fiscal surge quando as **despesas governamentais** – como salários de funcionários, investimentos em saúde e educação – superam as receitas obtidas principalmente por meio de tributos, como impostos, taxas e contribuições. Quando o governo enfrenta um déficit fiscal, ele precisa cobrir essa diferença de alguma forma, normalmente captando mais recursos no mercado, ou seja, aumentando a **dívida pública**.

Existem dois tipos principais de déficit fiscal: o **déficit primário** e o **déficit nominal**. O déficit primário ocorre quando o governo não consegue cobrir suas **despesas correntes** com as receitas que arrecada, excluindo os gastos com juros da dívida pública. Já o déficit nominal inclui tanto as despesas correntes quanto os juros da dívida. Ambos são importantes para medir a **saúde fiscal** de um país, pois indicam o quanto o governo depende de recursos extras para fechar suas contas.

Quando o déficit fiscal se torna constante, ele pode levar a um aumento da dívida pública. O governo, para financiar o déficit, emite **títulos de dívida**, que são comprados por investidores, como bancos, empresas e cidadãos. Com o tempo, se o governo não consegue equilibrar suas contas e reduzir o déficit, a dívida pública aumenta, gerando mais despesas com juros. Esse ciclo pode se tornar um problema, pois parte dos recursos que poderiam ser destinados a investimentos em áreas essenciais acaba sendo direcionada para pagar a dívida.

O déficit fiscal também influencia a taxa de juros. Quando a **dívida pública** é alta, o governo precisa oferecer juros maiores para atrair investidores dispostos a financiar o déficit. Taxas de juros mais altas encarecem o crédito, reduzindo o consumo e o investimento, o que pode desacelerar o crescimento econômico. Além disso, uma dívida pública alta pode gerar desconfiança nos investidores, que podem exigir juros maiores para compensar o risco de uma situação fiscal mais frágil.

A inflação também pode ser impactada pelo déficit fiscal. Se o governo recorre à **emissão de moeda** para financiar o déficit, a quantidade de dinheiro em circulação aumenta, o que pode levar à inflação. Esse processo foi comum no passado, mas é menos usado atualmente devido aos riscos de desvalorização da moeda e perda de confiança no sistema financeiro. A inflação elevada reduz o poder de compra da população e gera instabilidade econômica, impactando principalmente as famílias de **baixa renda**.

Para lidar com o déficit fiscal, os governos podem adotar políticas de ajuste fiscal, que incluem medidas para aumentar a arrecadação ou reduzir as despesas. No lado das **receitas**, o governo pode buscar elevar a arrecadação com **aumentos de impostos**, criação de novas taxas ou melhora na eficiência da coleta de tributos. Já no lado das **despesas**, as medidas podem incluir **cortes de gastos**, reformas administrativas para reduzir custos com pessoal e otimização dos gastos públicos. O **ajuste fiscal** é um desafio, pois muitas vezes envolve escolhas difíceis que podem afetar o crescimento econômico e a qualidade dos serviços oferecidos à população.

O déficit fiscal não é necessariamente negativo em todas as situações. Em momentos de **crise econômica**, por exemplo, o governo pode optar por aumentar os gastos públicos, mesmo que isso gere um déficit, para estimular a economia e apoiar a população. Esse tipo de política é conhecido como **política fiscal expansionista,** comumente usada para mitigar os efeitos de uma recessão, tal como ocorreu durante a pandemia da COVID-19. O desafio é garantir que o déficit seja temporário e que o governo volte a equilibrar suas contas quando a economia se recuperar.

Em resumo, o déficit fiscal é uma medida importante para avaliar a saúde financeira de um país. Embora possa ser utilizado como ferramenta para enfrentar crises, o déficit deve ser monitorado e controlado para evitar o acúmulo excessivo de dívida pública e seus impactos negativos sobre a economia. Um equilíbrio fiscal saudável é essencial para que o governo possa cumprir seu papel de promover o desenvolvimento econômico e social de forma sustentável.

Dia 12: Endividamento dos Países

O **endividamento dos países** é uma prática comum em economias modernas e consiste na contração de dívidas pelo governo para financiar suas atividades. Quando as **receitas** de um país não são suficientes para cobrir todas as **despesas públicas**, o governo emite **títulos da dívida**, que são comprados por investidores. Esse processo permite que os governos continuem realizando investimentos e pagando suas despesas correntes, mesmo quando não têm recursos suficientes à disposição. No entanto, o endividamento precisa ser gerido com cuidado, pois um nível excessivo pode gerar problemas econômicos e financeiros.

A dívida pública de um país pode ser tanto **interna** quanto **externa**. A dívida interna é aquela contraída dentro do próprio país, com **investidores locais**, como bancos, empresas e cidadãos que compram títulos do governo. Já a dívida externa é a dívida que o país contrai com **credores estrangeiros**, seja por meio de títulos da dívida pública emitidos em moedas estrangeiras ou por empréstimos de **instituições internacionais**, como o Fundo Monetário Internacional (FMI) ou o Banco Mundial. Ambos os tipos de dívida têm implicações econômicas importantes e devem ser administrados de forma equilibrada para garantir a **sustentabilidade financeira** do país.

A **sustentabilidade da dívida** é um conceito-chave no endividamento dos países. Ela se refere à capacidade de o governo honrar seus compromissos de pagamento sem comprometer seu crescimento econômico. Quando a dívida é sustentável, o governo consegue pagar os juros e amortizar a dívida sem precisar cortar drasticamente os gastos essenciais ou aumentar impostos de forma excessiva. No entanto, se a dívida cresce de forma descontrolada, o país pode entrar em uma crise de endividamento, em que as obrigações financeiras se tornam difíceis de cumprir, prejudicando a economia e a confiança dos investidores.

A relação entre o **Produto Interno Bruto** (PIB) e a dívida pública é um indicador importante para avaliar o nível de endividamento de um país. A relação **dívida/PIB** mostra o quanto o país deve em comparação com a riqueza que gera. Por exemplo, se um país tem uma dívida pública de 2 trilhões de dólares e um PIB de 4 trilhões de dólares, sua relação dívida/PIB é de 50%. Um percentual mais baixo indica uma situação fiscal mais confortável, enquanto uma relação muito alta pode ser um sinal de que o país está acumulando dívida de forma insustentável.

O endividamento público não é algo sempre ruim. Quando o governo toma empréstimos para realizar investimentos que melhoram a produtividade e a qualidade de vida da população, o endividamento pode trazer benefícios de longo prazo. Por exemplo, construir estradas e hospitais ou investir em educação pode aumentar o potencial de crescimento do país e tornar a dívida sustentável, já que esses investimentos tendem a gerar mais receita para o governo no futuro. Esse tipo de endividamento é considerado saudável e essencial para o desenvolvimento econômico.

Por outro lado, a dívida pública pode se tornar problemática quando os recursos são utilizados para financiar gastos correntes excessivos, sem retorno futuro. Nesse caso, o governo se vê cada vez mais dependente de novos empréstimos para cobrir seus gastos, e a dívida cresce sem gerar aumento proporcional da capacidade de pagamento do país. Esse tipo de endividamento pode levar a uma crise fiscal, em que o governo enfrenta dificuldades para honrar seus compromissos, gerando desconfiança entre os investidores e elevando as taxas de juros para novos empréstimos.

O pagamento de juros sobre a dívida é uma das consequências de um endividamento elevado. Quanto maior a dívida de um país, mais ele precisa gastar para pagar os juros. Em casos extremos, o pagamento dos juros pode se tornar uma das maiores despesas do governo, limitando sua capacidade de investimento, reduzindo os recursos para atender às necessidades da população.

Para lidar com a dívida pública, os governos podem adotar medidas de ajuste fiscal para tentar reduzir o déficit e controlar o crescimento da dívida. Isso pode incluir cortes de despesas, aumento da arrecadação por meio de impostos, reformas estruturais para melhorar a eficiência dos gastos públicos e políticas que incentivem o crescimento econômico. Em alguns casos, os países recorrem a organizações internacionais, como o FMI, que oferecem ajuda financeira em troca de compromissos com reformas econômicas.

Em resumo, o endividamento dos países é um componente normal da gestão econômica, mas exige disciplina e planejamento para que a dívida permaneça em níveis sustentáveis. Quando bem administrada, a dívida pública pode contribuir para o desenvolvimento e a prosperidade, mas, se descontrolada, pode gerar crises e prejudicar o crescimento econômico a longo prazo.

Dia 13: Balança Comercial

A **balança comercial** é um indicador econômico que mede a diferença entre as **exportações** e as **importações** de bens de um país em um determinado período. Quando um país exporta mais do que importa, ele registra um **superávit comercial**. Quando importa mais do que exporta, ele apresenta um **déficit comercial**. A balança comercial é uma parte fundamental do **balanço de pagamentos**, que é o registro de todas as transações econômicas de um país com o resto do mundo. Esse indicador é importante porque reflete a competitividade da economia nacional no mercado global.

As **exportações** são os bens e serviços que um país vende para o exterior, como produtos agrícolas, industriais e minerais. Por exemplo, o Brasil é um grande exportador de produtos como soja, carne bovina, minério de ferro e petróleo. Essas exportações são uma fonte importante de receita, pois geram entrada de **divisas estrangeiras**, como o dólar. Esse dinheiro que entra com as exportações ajuda a fortalecer a **moeda nacional** e a financiar as importações de produtos e tecnologias que o país não produz ou que não consegue produzir em quantidade suficiente.

Por outro lado, as **importações** são os bens e serviços que um país compra do exterior. Quando um país importa, ele está transferindo parte de sua riqueza para o exterior ao pagar por esses produtos com sua própria moeda ou com divisas estrangeiras. As importações são necessárias para suprir as necessidades do **mercado interno** e para complementar a **produção nacional** com tecnologias e insumos que o país não possui. No entanto, se as importações superam as exportações, o país pode enfrentar um **déficit comercial**, o que indica uma saída maior de recursos.

A **balança comercial** está diretamente ligada à **taxa de câmbio**. Quando a moeda nacional se desvaloriza, os produtos locais ficam mais baratos para compradores estrangeiros, o que tende a aumentar as exportações. Ao mesmo tempo, uma moeda desvalorizada torna os produtos importados mais caros para os **consumidores domésticos**, o que pode reduzir as importações. Dessa forma, o câmbio influencia o equilíbrio entre exportações e importações e, consequentemente, a balança comercial.

Uma balança comercial **superavitária** pode trazer benefícios importantes para a economia de um país. O **superávit** indica que o país está vendendo mais do que está comprando, o que ajuda a fortalecer suas **reservas internacionais** e a proteger a moeda nacional contra flutuações bruscas. Além disso, um superávit pode estimular a produção local, gerando empregos e aumentando a **renda da população**. No entanto, uma **balança comercial positiva** não é sempre uma garantia de prosperidade, pois também pode indicar que o consumo interno está fraco e que o país está dependendo excessivamente das vendas externas para manter sua economia.

Um **déficit comercial**, por sua vez, indica que o país está comprando mais do que vende ao exterior, o que pode enfraquecer a **moeda nacional** e reduzir as **reservas internacionais**. Em alguns casos, um déficit comercial elevado pode levar o governo a adotar medidas para incentivar as exportações e reduzir as importações, buscando equilibrar a balança comercial.

A **política comercial** de um país pode influenciar diretamente a balança comercial. Políticas de incentivo às exportações, como subsídios e redução de impostos para produtos exportados, ajudam a tornar os produtos locais mais competitivos no mercado externo. Por outro lado, políticas protecionistas, como tarifas de importação e cotas para produtos estrangeiros, buscam limitar as importações para proteger a **indústria nacional**.

O excesso de **protecionismo** tende a prejudicar a economia nacional no longo prazo. Esse efeito pode ocorrer tanto pela criação de uma dependência da indústria local em relação às proteções, como pelo atraso tecnológico em setores nos quais o país não possui tradição nem acesso ao conhecimento mais avançado. Além disso, o protecionismo pode afastar o país do comércio internacional, limitando a entrada de novos produtos, serviços e tecnologias, o que reduz a **competitividade** e a **produtividade** da economia como um todo.

Em resumo, a balança comercial é um indicador fundamental para avaliar a saúde econômica de um país. Ela reflete a capacidade de competir no mercado global e mostra se o país está conseguindo vender seus produtos para o exterior ou se está dependente de importações. Embora uma balança comercial positiva traga vantagens, o equilíbrio entre exportações e importações é essencial para garantir que a economia nacional seja sustentável.

Dia 14: Comunismo

O **comunismo** é uma **ideologia** política, social e econômica que propõe em teoria uma sociedade sem **classes sociais** e sem **propriedade privada** dos **meios de produção**. Nesse sistema, todos os bens e recursos seriam de propriedade comum e administrados pelo Estado ou por coletivos de **trabalhadores**. A ideia é que, ao eliminar a propriedade privada e concentrar a organização da produção e da distribuição no **Estado**, seja possível garantir que todos os indivíduos tenham acesso a recursos e produtos de acordo com suas necessidades.

O comunismo como teoria moderna tem origem nas ideias dos **filósofos alemães** Karl Marx e Friedrich Engels, que, no século XIX, desenvolveram uma análise crítica do **capitalismo**. Eles acreditavam que o **sistema capitalista** criava divisões entre a **burguesia**, proprietária dos meios de produção (fábricas, terras e capital), e o **proletariado**, a classe trabalhadora, que vendia sua força de trabalho em troca de salário. Segundo Marx e Engels, essa estrutura geraria um conflito inevitável entre as **classes**, que levaria a uma revolução, na qual os trabalhadores tomariam o poder e estabeleceriam uma sociedade sem classes.

No comunismo, a **propriedade privada** dos meios de produção é eliminada. Em uma sociedade comunista, fábricas, terras, recursos naturais e outras formas de capital seriam **coletivos** e controlados pelo Estado ou diretamente pelos trabalhadores. A ideia é que, sem propriedade privada sobre os meios que geram riqueza, os recursos possam ser distribuídos de forma mais ampla e igualitária. Vale notar que o comunismo não propõe eliminar a posse de objetos pessoais, mas sim a propriedade dos meios produtivos, como empresas e terras.

Um dos princípios do comunismo é a ideia de uma **economia planejada**. Diferentemente do capitalismo, onde a produção é guiada pelo mercado e pelo lucro, uma economia comunista seria organizada pelo Estado ou pelos trabalhadores, visando atender às necessidades da população. Isso significa que a decisão sobre o que produzir, como produzir e para quem distribuir seria feita de forma centralizada. Como o comunismo tende a não respeitar as **decisões individuais**, essa **centralização** é muitas vezes criticada por limitar a **liberdade** de escolha. Além disso, ao não valorizar o **mérito** e a **concorrência**, o sistema comunista pode levar à **ineficiência econômica**.

Historicamente, a implementação do **comunismo** encontrou diversos desafios. Países como a União Soviética e a China tentaram estabelecer sistemas inspirados nos princípios comunistas, mas enfrentaram dificuldades econômicas e sociais. A experiência da União Soviética, por exemplo, mostrou que a centralização excessiva da economia, a ausência de incentivo ao mérito e a **corrupção sistêmica** levaram à ineficiência e a problemas de **burocracia**. Esses obstáculos fizeram com que alguns países que adotaram o comunismo acabassem introduzindo elementos de mercado, como ocorreu na China, que passou a combinar planejamento central com características de uma **economia de mercado**.

O comunismo também enfrenta críticas devido ao papel central do Estado na sociedade, que, para organizar a economia e garantir a igualdade, assume controle sobre as **decisões** econômicas e sociais. Esse poder centralizado pode limitar as **liberdades individuais** e resultar em um sistema mais **restritivo**, onde o governo decide os caminhos da produção e do consumo, o que não permite espaço para a **inovação individual** e para a **liberdade de escolha**.

Embora o comunismo tenha enfrentado grandes **desafios** em sua implementação e continue a ser alvo de críticas, ele ainda inspira movimentos sociais e políticos que buscam alternativas ao **sistema capitalista**. Para muitos desses movimentos, o comunismo serve ao menos como uma plataforma para amplificar discursos críticos ao capitalismo, ainda que nem sempre estejam diretamente ligados aos princípios comunistas.

Muitos grupos que se inspiram no comunismo defendem políticas de maior **igualdade social** e econômica, mesmo que sem a eliminação completa da propriedade privada. As ideias comunistas também ajudaram a influenciar programas de bem-estar social, como os sistemas de seguridade social em alguns países.

Em resumo, o comunismo é uma ideologia que propõe uma sociedade sem classes e sem propriedade privada dos meios de produção. Embora tenha como objetivo a igualdade econômica, enfrenta desafios de eficiência e liberdade. Mesmo assim, o comunismo permanece uma corrente de pensamento que continua a inspirar debates sobre a organização social e econômica e o papel do Estado.

Dia 15: Capitalismo

O **capitalismo** é um **sistema econômico**, social e político baseado na **propriedade privada** dos meios de produção e na **livre iniciativa**. Nesse sistema, indivíduos e empresas têm liberdade para decidir o que produzir, como produzir e a quem vender, com o objetivo de gerar **lucro**. As relações de mercado, formadas pela interação entre a oferta e a demanda, são fundamentais no capitalismo, pois elas definem os **preços**, regulam a **produção** e orientam os **investimentos**.

No capitalismo, a propriedade privada é um dos pilares principais. Fábricas, terras, máquinas e outros recursos produtivos pertencem a indivíduos ou empresas, que têm o direito de utilizá-los para criar **riqueza**. A busca pelo lucro incentiva os empresários a investirem em **inovações, tecnologias** e novos produtos, na tentativa de conquistar consumidores e expandir seus negócios. Esse estímulo ao crescimento econômico leva ao aumento da produtividade e à melhoria de bens e serviços, beneficiando tanto os produtores quanto os consumidores.

Outro elemento central do capitalismo é o **livre mercado**, onde os preços e as quantidades dos produtos são determinados pela interação entre a **oferta** e a **demanda**. Quando a demanda por um produto aumenta, o preço tende a subir, incentivando os produtores a aumentarem a produção para atender ao mercado. Por outro lado, quando a demanda diminui, o preço tende a cair, o que pode levar os produtores a reduzirem a oferta ou a ajustarem seus processos. Esse mecanismo permite que o sistema se ajuste às preferências e necessidades dos consumidores, orientando os recursos para onde eles são mais necessários e valorizados.

A **liberdade econômica** é um aspecto importante no capitalismo, pois dá aos indivíduos e empresas o direito de fazer escolhas sobre suas atividades e investimentos. No entanto, essa liberdade também significa que o sistema valoriza o **mérito** e a **competição**. Aqueles que conseguem oferecer melhores produtos ou serviços a preços competitivos geralmente **prosperam**, enquanto outros podem não sobreviver. Isso cria um ambiente dinâmico, mas também **competitivo**, onde empresas e indivíduos estão constantemente em busca de formas mais **eficientes** de utilizar recursos e atender à demanda do mercado.

Embora o capitalismo seja reconhecido por sua capacidade de gerar riqueza, ele também enfrenta críticas. Uma das principais é que o sistema tende a criar desigualdades econômicas. No capitalismo, aqueles que possuem o capital, bem como conhecimento e habilidades especializados, têm vantagem para acumular ainda mais riqueza, enquanto aqueles que dependem exclusivamente do trabalho menos especializado podem ter menos oportunidades. Isso pode levar a uma concentração de riqueza nas mãos de uma parcela da população, gerando diferenças significativas de renda e acesso a recursos.

Outro ponto de crítica é que o capitalismo, ao ser guiado pela busca do lucro, pode negligenciar questões **sociais** e **ambientais**. Por exemplo, empresas que visam maximizar o lucro podem explorar recursos naturais de forma intensiva, sem considerar os impactos a longo prazo para o **meio ambiente**. Além disso, a busca por redução de custos pode levar à precarização do trabalho, como baixos salários e condições de trabalho inadequadas. Essas questões despertaram a necessidade de regulamentações que possam atender aos interesses da sociedade.

Em resposta a essas críticas, surgiram conceitos como a **responsabilidade social corporativa** (RSC), que busca alinhar os objetivos de lucro com práticas socialmente responsáveis. A responsabilidade social corporativa, além de refletir uma postura ética, é incentivada por mecanismos de mercado que geram benefícios econômicos para as empresas que adotam boas práticas. Esse comportamento pode atrair investidores e consumidores que valorizam empresas comprometidas com o desenvolvimento sustentável.

O capitalismo também se adaptou ao longo do tempo, dando origem a diferentes modelos, como o capitalismo de **bem-estar social** adotado em muitos países europeus, onde o Estado intervém para proporcionar uma rede de segurança social, oferecendo serviços públicos, como saúde, educação e aposentadoria. Esse modelo busca reduzir as desigualdades e garantir que todos os cidadãos tenham acesso a uma qualidade de vida mínima, sem comprometer o funcionamento do mercado.

Em resumo, o capitalismo é um sistema dinâmico e flexível, que permite o crescimento econômico e a inovação por meio da propriedade privada e do livre mercado. É amplamente considerado o sistema mais eficiente e eficaz para promover o desenvolvimento econômico e a prosperidade, sendo o modelo predominante nas economias modernas e o que melhor permite o uso otimizado dos recursos e a geração de riqueza.

Dia 16: Keynesianismo e o Estado

O **keynesianismo** é uma teoria econômica desenvolvida pelo economista britânico **John Maynard Keynes** durante a década de 1930, em resposta à Grande Depressão originada com o colapso da Bolsa de Valores de Nova York em 1929. Keynes acreditava que o mercado nem sempre alcançava o pleno emprego e a estabilidade econômica. Sua proposta era que o Estado desempenhasse um papel ativo na economia, utilizando **políticas fiscais** e **monetárias** para estimular a demanda e manter o equilíbrio econômico. Essa abordagem influenciou significativamente a política econômica de muitos países no século XX.

No keynesianismo, o foco está na **demanda agregada** — o total de bens e serviços demandados em uma economia em determinado período. Keynes argumentava que o nível de produção e emprego dependia da demanda agregada, e que, em momentos de crise, essa demanda poderia ser insuficiente para manter o pleno emprego. Quando as empresas não conseguem vender seus produtos, elas produzem menos, o que leva à redução de postos de trabalho e, consequentemente, a uma diminuição na renda da população e início de um ciclo de recessão.

Para combater esse cenário, Keynes propôs que o governo utilizasse políticas econômicas para **estimular a demanda** e impulsionar a economia. Entre essas medidas, destacam-se os **gastos públicos** e a **redução de impostos**. Ao investir em infraestrutura, educação e saúde, o governo cria empregos e aumenta a renda da população, que passa a consumir mais, gerando um efeito multiplicador na economia. A redução de impostos, por sua vez, aumenta a renda disponível das famílias e das empresas, incentivando o consumo e o investimento. Assim, em tempos de crise, o governo age como um "motor" que estimula a economia até que o setor privado possa se recuperar.

Além das políticas fiscais, o keynesianismo também valoriza o uso de **políticas monetárias** para estimular a economia. Nesse caso, o banco central pode reduzir as taxas de juros, tornando o crédito mais acessível e incentivando o investimento e o consumo. Com juros mais baixos, empresas tendem a investir mais, enquanto as famílias podem consumir e tomar empréstimos a custos menores. Isso ajuda a aumentar a demanda agregada e a impulsionar o crescimento econômico, especialmente em momentos de retração.

Uma das principais ideias do keynesianismo é que o governo deve **intervir temporariamente** na economia para estabilizar os ciclos econômicos. Quando a economia se recupera e atinge o pleno emprego, o governo deve reduzir os gastos e aumentar a arrecadação para controlar a inflação e equilibrar as contas públicas. Dessa forma, o Estado age como um regulador, suavizando as flutuações econômicas.

No entanto, o keynesianismo enfrenta críticas. Alguns economistas argumentam que o excesso de intervenção estatal pode levar a um aumento excessivo da dívida pública, comprometendo as finanças do governo a longo prazo. Em períodos prolongados de intervenção, essa dívida pode se tornar insustentável, exigindo políticas de austeridade para conter os gastos. Além disso, críticos afirmam que o governo nem sempre consegue alocar os recursos de forma eficiente, o que pode resultar em desperdício e ineficiência.

Outra crítica às políticas keynesianas é que elas podem inibir um processo natural de "reciclagem" de empresas menos eficientes que, em momentos de crise, poderiam sair do mercado. Ao manter a economia aquecida, esse processo de saneamento econômico tende a ser reduzido, permitindo que empresas menos produtivas permaneçam em atividade, prejudicando a eficiência do mercado. Além disso, também existe o risco de **inflação**. Quando o governo injeta dinheiro na economia para estimular a demanda, há o risco de que a quantidade de dinheiro em circulação cresça mais rápido do que a oferta de bens e serviços, resultando em aumento de preços. Essa situação pode gerar uma inflação elevada, prejudicando o poder de compra da população e desestabilizando a economia.

Apesar desses pontos, o keynesianismo tem sido amplamente adotado em momentos de crise. Durante a crise financeira de 2008, por exemplo, muitos países recorreram a políticas keynesianas, aumentando os gastos públicos e reduzindo as taxas de juros para estimular a economia. A pandemia de COVID-19 foi outro exemplo, quando governos adotaram políticas semelhantes, com pacotes de estímulo e auxílios emergenciais.

Em resumo, o keynesianismo defende o papel ativo do Estado na economia, especialmente em momentos de crise, para estabilizar os ciclos econômicos e promover o crescimento.

Dia 17: Protecionismo

O **protecionismo** é uma política econômica adotada por países para proteger suas indústrias locais da concorrência estrangeira. A ideia central do protecionismo é dificultar a entrada de produtos e serviços estrangeiros no mercado nacional, incentivando o consumo de bens produzidos internamente. Isso é feito por meio de medidas como **tarifas de importação**, **cotas de importação** e **subsídios** para as empresas importadoras, que tornam os produtos importados mais caros ou limitam a quantidade que pode ser trazida de fora. O protecionismo é o oposto à política de **livre comércio**, na qual os países buscam abrir seus mercados para o comércio internacional sem restrições.

Um dos principais mecanismos de protecionismo são as **tarifas de importação**, que são impostos cobrados sobre os produtos estrangeiros que entram no país. Essas tarifas aumentam o preço dos produtos importados, tornando-os menos competitivos em relação aos produtos locais. Por exemplo, se um país impõe uma tarifa sobre o vinho importado, os consumidores provavelmente preferirão comprar vinho nacional, que terá um preço mais baixo ou igual para produtos de qualidade similar. Esse tipo de medida protege os produtores locais da concorrência estrangeira.

Outro mecanismo comum é o uso de **cotas de importação**, que estabelecem um limite para a quantidade de determinados produtos que podem ser importados. Assim, mesmo que os produtos estrangeiros sejam mais baratos, o volume de importações é controlado, garantindo que uma parte significativa do mercado permaneça para os produtores locais. As cotas de importação são frequentemente aplicadas a produtos estratégicos para proteger setores essenciais da economia nacional.

Além disso, governos podem oferecer **subsídios** a empresas nacionais, reduzindo seus custos de produção para que possam competir melhor com os produtos estrangeiros. Esses subsídios podem assumir a forma de benefícios fiscais, redução de impostos ou financiamentos facilitados. Por exemplo, o governo pode subsidiar o setor agrícola para garantir que os produtos nacionais, como têxteis e calçados, sejam competitivos no mercado local. Esses incentivos permitem que as empresas nacionais ofereçam preços mais baixos, mantendo-se competitivas frente aos produtos importados.

O protecionismo é frequentemente defendido como uma forma de **proteger empregos** e **desenvolver indústrias locais**. Quando um país limita a importação de bens estrangeiros, ele cria uma demanda maior para os produtos nacionais, o que pode estimular a produção e a criação de empregos. Além disso, ao proteger as indústrias locais, o governo permite que essas empresas se desenvolvam e se fortaleçam antes de enfrentar a concorrência externa, especialmente em setores estratégicos.

No entanto, o protecionismo também enfrenta críticas, especialmente de economistas que defendem o livre mercado. Muitas vezes, políticas protecionistas, que deveriam ser temporárias para apoiar o desenvolvimento de determinado setor, acabam se tornando permanentes, perdendo seu caráter original de incentivo. Em alguns casos, o protecionismo pode estar mais ligado ao **lobby** de empresas que buscam proteção contra a concorrência do que a uma estratégia de desenvolvimento nacional para setores realmente estratégicos. Esse tipo de intervenção pode beneficiar interesses específicos, mas não necessariamente contribuir para o crescimento da economia nacional.

Outra crítica é que o protecionismo pode gerar **retaliações comerciais** de outros países. Quando um país adota políticas protecionistas, outros países podem responder com medidas semelhantes, impondo restrições às exportações do país em questão. Esse tipo de retaliação pode prejudicar as exportações e, consequentemente, os setores exportadores da economia nacional.

A longo prazo, o protecionismo pode dificultar o crescimento econômico de um país, pois limita a **especialização** e o **acesso a tecnologias avançadas**. Em um mercado globalizado, os países tendem a se especializar em setores onde possuem vantagens competitivas, importando o que não produzem tão bem. Ao adotar o protecionismo, no longo prazo o país reduz sua capacidade de crescimento e inovação.

Em resumo, o protecionismo é uma política que busca proteger a economia local, garantindo que as indústrias nacionais tenham condições de competir no mercado interno. Embora possa oferecer benefícios de curto prazo, o protecionismo pode enfrentar problemas no longo prazo como o aumento dos preços, a possibilidade de retaliações comerciais e a limitação do crescimento econômico. Por isso, muitos economistas defendem um equilíbrio entre protecionismo e abertura comercial, buscando maximizar os benefícios de ambos os modelos.

Dia 18: Desenvolvimento & Meio Ambiente

O desenvolvimento econômico e a preservação do meio ambiente são temas diretamente interligados. A busca pelo **desenvolvimento sustentável** tem se tornado um dos principais objetivos de governos, empresas e sociedade, que buscam formas de garantir o crescimento econômico sem comprometer os recursos naturais para as gerações futuras.

Desenvolvimento econômico refere-se ao processo pelo qual uma nação melhora a qualidade de vida de sua população por meio do aumento da renda, da melhoria da infraestrutura e do acesso a serviços como saúde e educação. Porém, o desenvolvimento econômico, especialmente em países em fase de industrialização, muitas vezes é acompanhado por impactos ambientais significativos. O aumento da produção industrial, o consumo elevado de recursos naturais e a expansão das áreas urbanas podem levar à degradação ambiental, como poluição, desmatamento e perda da biodiversidade.

O conceito de **sustentabilidade** surgiu como uma resposta a esses desafios. Sustentabilidade significa atender às necessidades atuais sem comprometer a capacidade das futuras gerações de atenderem às suas próprias necessidades. Esse conceito é dividido em três pilares: **econômico, social e ambiental**. Para que o desenvolvimento seja considerado sustentável, ele deve equilibrar esses três aspectos, garantindo crescimento econômico, justiça social e proteção ambiental.

Um exemplo de desenvolvimento sustentável pode ser visto em iniciativas de **energia renovável**, como a energia solar e eólica. Ao investir em energias renováveis, um país pode reduzir suas emissões de gases de efeito estufa, contribuindo para a proteção ambiental, enquanto promove o crescimento econômico.

Além da energia renovável, a **gestão sustentável dos recursos naturais** é essencial para equilibrar o desenvolvimento econômico com a proteção ambiental. Práticas como a agricultura sustentável, o manejo florestal e a conservação da água são fundamentais para garantir que os recursos naturais sejam usados de maneira responsável e que permaneçam disponíveis no futuro. No setor agrícola, por exemplo, práticas como a rotação de culturas e o uso de técnicas de irrigação eficientes ajudam a aumentar a produtividade sem esgotar o solo e os recursos hídricos.

No entanto, o desenvolvimento sustentável enfrenta desafios, especialmente em países em desenvolvimento, onde há uma pressão por crescimento rápido e melhoria da qualidade de vida. Em muitas situações, a exploração de recursos naturais é vista como um caminho mais fácil e rápido para gerar riqueza e criar empregos. Frequentemente, essa escolha é justificada com o argumento: se os países desenvolvidos seguiram esse caminho, por que os países em desenvolvimento, que foram explorados no passado, não poderiam fazê-lo agora?

Porém, a exploração descontrolada pode levar a um **ciclo de degradação ambiental**, que prejudicará a qualidade de vida da população no futuro. Por exemplo, o desmatamento descontrolado da Amazônia contribui para a perda de biodiversidade e o aumento das emissões de CO_2, além de impactar o regime de chuvas, fundamental para a agricultura e o abastecimento de água.

A **economia circular** é uma abordagem que visa minimizar o impacto ambiental, promovendo o uso eficiente dos recursos e o reaproveitamento dos materiais. Em vez de adotar um modelo linear, onde os produtos são usados e descartados, a economia circular busca prolongar o ciclo de vida dos materiais, promovendo a reciclagem, o reuso e o *design* de produtos duráveis. Esse modelo de economia ajuda a reduzir a quantidade de resíduos e o consumo de recursos, beneficiando o meio ambiente e a economia.

Os **acordos internacionais**, como o Acordo de Paris, são esforços globais para enfrentar as mudanças climáticas e promover o desenvolvimento sustentável. Esses acordos estabelecem metas para a redução das emissões de gases de efeito estufa e incentivam a transição para uma economia de baixo carbono. No entanto, a implementação dessas metas depende do compromisso e da cooperação entre os países, pois cada nação possui diferentes níveis de desenvolvimento e desafios ambientais.

Em resumo, o desafio de conciliar **desenvolvimento econômico e meio ambiente** requer esforços coordenados de governos, empresas e indivíduos. O desenvolvimento sustentável não é apenas uma escolha ética, mas uma necessidade para garantir um futuro viável. A busca por alternativas de produção e consumo que minimizem o impacto ambiental e promovam a justiça social é fundamental para construir uma sociedade mais equilibrada e resiliente.

Dia 19: Emprego e Desemprego

O emprego e o desemprego são conceitos centrais na economia, pois impactam diretamente a qualidade de vida das pessoas e o desempenho econômico de um país. O **emprego** refere-se à situação em que um indivíduo ocupa um trabalho remunerado, contribuindo para a produção de bens e serviços na economia. O **desemprego**, por outro lado, ocorre quando pessoas que desejam e estão aptas a trabalhar não conseguem encontrar um trabalho adequado.

O **desemprego** pode ser dividido em vários tipos, de acordo com suas causas e características. O **desemprego estrutural** ocorre quando há uma discrepância entre as habilidades dos trabalhadores e as necessidades do mercado. Esse tipo de desemprego é comum em economias em transformação, onde setores tradicionais, como a indústria, perdem espaço para novos setores, como tecnologia e serviços. Um trabalhador especializado em uma área em declínio, como a produção de máquinas com tecnologia ultrapassada, pode enfrentar dificuldade para encontrar emprego se o mercado exigir habilidades em áreas mais tecnológicas.

Outro tipo é o **desemprego friccional**, que é temporário e ocorre quando pessoas estão em transição entre empregos ou procurando um trabalho que se ajuste melhor às suas habilidades e preferências. Esse tipo de desemprego não é considerado negativo, pois reflete o movimento normal do mercado de trabalho. Por exemplo, uma pessoa que decide trocar de emprego para buscar melhores oportunidades pode permanecer desempregada por um curto período enquanto procura uma nova posição.

O **desemprego cíclico** está relacionado ao ciclo econômico. Em períodos de recessão, a demanda por bens e serviços diminui, o que leva empresas a reduzirem a produção e, consequentemente, a demitirem trabalhadores. Em contrapartida, durante fases de expansão econômica, a demanda aumenta e as empresas contratam mais funcionários para atender ao crescimento. Esse tipo de desemprego pode ser aliviado com políticas governamentais que incentivem o consumo e o investimento, estimulando a economia em tempos de retração.

Para medir o nível de desemprego em uma economia, utiliza-se a **taxa de desemprego**, que representa a proporção de pessoas desempregadas em relação à força de trabalho total. Esse indicador é calculado com base nas pessoas que estão em idade e condições de trabalhar, e que estão ativamente procurando emprego. Uma taxa de desemprego baixa geralmente indica uma economia saudável e em crescimento, enquanto uma taxa elevada pode sinalizar problemas econômicos, como baixa atividade industrial e falta de investimentos.

Baixas taxas de desemprego tendem a **aquecer a economia** e podem resultar em **pressão inflacionária**. Quando o desemprego é muito baixo, a demanda por bens e serviços aumenta, e as empresas podem ter dificuldades para atender a essa demanda. Isso, por sua vez, pode levar ao aumento de preços, já que o consumo cresce e os salários tendem a subir com a disputa por mão de obra. Para conter essa inflação, o governo pode optar por reduzir estímulos econômicos e o banco central pode aumentar as **taxas de juros**. Essa medida visa desacelerar a economia, reduzindo a demanda e, assim, ajudando a controlar o aumento dos preços.

A **taxa natural de desemprego** é um conceito importante e refere-se ao nível de desemprego que ocorre mesmo em uma economia saudável e em pleno emprego. Esse desemprego inclui principalmente o friccional e o estrutural, uma vez que o desemprego zero é praticamente impossível devido ao movimento normal do mercado de trabalho. Assim, o objetivo das políticas econômicas é manter o desemprego o mais próximo possível da taxa natural, evitando altos níveis de desemprego cíclico.

O **subemprego** é uma situação em que o trabalhador está empregado, mas em condições que não utilizam todo o seu potencial ou habilidades, como cargos de meio período quando ele deseja trabalhar em período integral, ou ocupações que exigem menos qualificação do que ele possui. O subemprego é um desafio, pois representa uma perda de potencial produtivo para a economia e uma limitação de oportunidades para o trabalhador, que não consegue atingir seu potencial de renda e satisfação profissional.

As políticas para reduzir o desemprego envolvem tanto o setor público quanto o privado. O governo pode implementar **políticas fiscais** e **políticas monetárias** para estimular a economia em períodos de crise, promovendo a criação de empregos e incentivando o investimento.

Dia 20: A Divisão do Trabalho

A **divisão do trabalho** é um conceito central na economia, que se refere ao processo de fragmentação das atividades produtivas em diferentes tarefas, permitindo que cada trabalhador se especialize em uma etapa específica. Essa prática é essencial para aumentar a eficiência, a produtividade e a qualidade dos produtos, pois permite que os indivíduos se tornem especialistas em suas funções, realizando-as com mais habilidade e rapidez.

O conceito de divisão do trabalho foi amplamente estudado pelo filosofo e economista **Adam Smith**, que, em sua obra "A Riqueza das Nações", destacou a importância desse mecanismo para o crescimento econômico. Ele exemplificou a divisão do trabalho em uma fábrica de alfinetes, onde cada operário realizava uma única tarefa, como cortar, moldar ou embalar os alfinetes, em vez de produzir o alfinete inteiro do início ao fim. Essa divisão das tarefas aumentou consideravelmente a produção e tornou o processo muito mais eficiente do que se cada trabalhador tentasse realizar todas as etapas sozinho.

A divisão do trabalho não se aplica apenas à produção em fábricas, mas também a empresas de diferentes setores, como serviços e tecnologia. Em uma empresa de tecnologia, por exemplo, equipes distintas podem trabalhar no desenvolvimento de *software*, atendimento ao cliente, *marketing* e vendas. Cada área se especializa e se torna mais eficaz, contribuindo para o sucesso e a produtividade geral da organização. Essa especialização permite que cada setor foque em aprimorar suas habilidades e utilizar ferramentas específicas para maximizar a eficiência.

Um dos principais benefícios da divisão do trabalho é o **aumento da produtividade**. Quando os trabalhadores se especializam em tarefas específicas, conseguem executá-las com mais eficiência, pois se tornam mais habilidosos e experientes. Essa especialização também facilita a adoção de ferramentas e técnicas mais adequadas para cada etapa, reduzindo o tempo e os custos de produção. No setor automotivo, a introdução do fordismo — um sistema de produção baseado em linhas de montagem desenvolvido por Henry Ford — permitiu que veículos fossem produzidos em massa e de forma muito mais eficiente. Esse modelo reduziu os custos de produção e tornou os automóveis acessíveis a uma parcela maior da população, transformando a indústria e o mercado consumidor.

Outro benefício importante é o **aumento da inovação**. Quando os trabalhadores se dedicam a uma área específica, eles tendem a desenvolver novas ideias e métodos para realizar suas tarefas de forma mais eficiente. Isso gera inovações que podem beneficiar não apenas a empresa, mas também o setor como um todo. A especialização incentiva a criação de novas tecnologias, equipamentos e processos que aumentam ainda mais a produtividade e a competitividade das empresas.

Contudo, a divisão do trabalho também apresenta desafios. Um dos principais é o **risco de alienação**. Quando os trabalhadores executam repetidamente a mesma tarefa, sem compreender o processo produtivo como um todo, podem sentir-se desconectados do produto final e da empresa. Esse sentimento de alienação foi criticado por pensadores como **Karl Marx**, que argumentava que a divisão do trabalho poderia transformar o trabalhador em uma "peça da máquina", privando-o de sua criatividade e satisfação pessoal.

Outro desafio é a **dependência entre trabalhadores e setores**. Em um sistema com alta divisão do trabalho, cada setor depende dos demais para que o produto final seja concluído. Se uma etapa do processo for interrompida, por exemplo, se houver escassez de matéria-prima ou paralisação dos funcionários em determinado setor, toda a cadeia de produção pode ser afetada. Esse risco de dependência exige coordenação e planejamento cuidadoso para evitar gargalos e interrupções.

A divisão do trabalho também contribui para a **especialização entre países**. No comércio internacional, os países tendem a se especializar na produção de bens e serviços nos quais têm vantagem comparativa, ou seja, nos quais são mais eficientes em relação a outros países. Por exemplo, o Brasil possui uma vantagem na produção de *commodities* agrícolas, como soja e café, enquanto países como a Alemanha se destacam na produção de máquinas e veículos. Essa especialização permite que cada país se beneficie da eficiência do outro, promovendo o comércio e o crescimento econômico global.

Em resumo, a divisão do trabalho é um pilar essencial para o aumento da produtividade e para a especialização econômica, tanto dentro das empresas quanto entre os países. Embora apresente desafios, a divisão do trabalho é uma das forças que impulsionam o desenvolvimento e a eficiência da economia moderna, criando um ambiente em que indivíduos e empresas podem prosperar por meio da cooperação e da especialização.

Dia 21: Segurança Jurídica

A **segurança jurídica** é um princípio fundamental para o funcionamento de uma sociedade organizada e para o desenvolvimento econômico. Esse conceito se refere à garantia de que as leis são estáveis, claras e previsíveis, permitindo que indivíduos e empresas tomem decisões com confiança de que seus direitos serão respeitados. Quando existe segurança jurídica, as pessoas sabem o que esperar do sistema legal e podem planejar suas ações e investimentos com maior certeza.

A segurança jurídica depende de um conjunto de elementos, entre eles a **estabilidade das normas legais**, a **previsibilidade das decisões judiciais** e o **acesso à justiça**.

A **estabilidade das normas** significa que as leis não mudam de forma abrupta ou arbitrária, e quando mudam, são acompanhadas por períodos de adaptação ou transição. A **previsibilidade das decisões judiciais** permite que as pessoas e as empresas tenham uma noção do desfecho provável de um litígio, com base em precedentes e na consistência do entendimento dos tribunais.

A importância da segurança jurídica é evidente no ambiente de negócios. Empresas e investidores dependem da certeza legal para fazer investimentos de longo prazo e planejar suas operações. Por exemplo, imagine uma empresa interessada em construir uma fábrica no Brasil. Se a legislação ambiental ou fiscal mudar de forma inesperada, isso pode impactar seriamente os custos e a viabilidade do projeto. A falta de segurança jurídica cria um ambiente de incerteza que desencoraja investimentos, prejudicando o desenvolvimento econômico.

Outro aspecto importante é a **proteção dos contratos**. A segurança jurídica garante que os contratos, que são acordos voluntários entre as partes, serão respeitados e cumpridos. A existência de leis e sistemas judiciais que assegurem a execução dos contratos proporciona confiança mútua entre os envolvidos em transações comerciais. Sem essa garantia, as relações comerciais se tornariam instáveis, pois as partes teriam receio de que os acordos não fossem honrados.

A segurança jurídica também é essencial para os **direitos de propriedade**. Quando as pessoas têm a certeza de que suas propriedades, sejam elas bens móveis, imóveis ou propriedade intelectual, serão protegidas pelo sistema jurídico, elas se sentem motivadas a investir, inovar e expandir seus negócios. A proteção dos direitos de propriedade é um dos pilares do capitalismo e um incentivo para o desenvolvimento econômico. Em países onde esses direitos não são garantidos, a economia tende a ser menos dinâmica e os investimentos são mais baixos, pois o risco de perda sem compensação é alto.

Além disso, a segurança jurídica é importante para o exercício da **cidadania e dos direitos individuais**. Em um sistema onde as leis são estáveis e aplicadas de forma justa, os cidadãos têm maior confiança nas instituições e se sentem protegidos contra abusos de poder. A previsibilidade das normas permite que as pessoas conheçam seus direitos e deveres, evitando arbitrariedades e garantindo um ambiente de respeito às liberdades civis.

No entanto, a **segurança jurídica** enfrenta desafios, especialmente em países com sistemas legais complexos ou em constante mudança. A burocracia, a lentidão dos processos judiciais e a falta de uniformidade nas decisões são obstáculos que afetam a segurança jurídica. Quando as decisões judiciais são contraditórias ou demoram anos para serem concluídas, as pessoas e empresas ficam inseguras quanto ao desfecho de suas disputas legais. A instabilidade política e a corrupção também podem afetar a confiança no sistema legal, criando um ambiente de incerteza.

Para melhorar a segurança jurídica, é essencial que os governos promovam **reformas legais** que simplifiquem as normas e garantam que as mudanças ocorram de forma gradual e bem planejada. O fortalecimento das instituições judiciais, com a garantia de independência dos juízes e a padronização de procedimentos, também é fundamental para aumentar a confiança no sistema jurídico. Além disso, a transparência e o combate à corrupção são aspectos fundamentais para consolidar a segurança jurídica e promover um ambiente favorável ao desenvolvimento econômico e social.

Dia 22: Instituições: Inclusivas x Extrativistas

O conceito de **instituições inclusivas e extrativistas** foi discutido pelos economistas Daron Acemoglu e James Robinson no livro "Por Que as Nações Fracassam". Segundo essa teoria, as instituições – sejam elas políticas ou econômicas – desempenham um papel crucial no sucesso ou fracasso das nações. Instituições inclusivas promovem o desenvolvimento, enquanto as extrativistas tendem a impedir o crescimento econômico sustentável.

As **instituições inclusivas** são aquelas que criam condições para que a maioria da população participe e se beneficie da economia. Elas oferecem oportunidades para que as pessoas desenvolvam suas habilidades, empreendam e gerem riqueza. Exemplo de uma instituição inclusiva é a proteção dos direitos de propriedade. Quando as pessoas sabem que os bens que acumulam, sejam imóveis, empresas ou patentes, estão protegidos por leis claras e estáveis, sentem-se incentivadas a investir e inovar. Instituições inclusivas garantem a segurança jurídica, o direito à educação, a liberdade de escolha e a possibilidade de participação em processos políticos e econômicos.

Um exemplo histórico de instituições inclusivas pode ser observado na **Revolução Gloriosa** na Inglaterra, em 1688. Esse evento resultou na criação de um sistema político mais inclusivo, que limitou o poder da monarquia e aumentou o papel do Parlamento, onde os interesses da sociedade podiam ser mais bem representados. Essa mudança fortaleceu o sistema de propriedade privada, garantiu a segurança jurídica e incentivou o investimento e a inovação, criando as bases para a Revolução Industrial. Com o tempo, esse ambiente inclusivo levou ao desenvolvimento econômico e ao aumento do bem-estar da população.

Além disso, essas instituições costumam ter um sistema político democrático, onde os cidadãos têm voz e podem eleger seus representantes. Esse ambiente promove o surgimento de novas ideias e incentiva a competição, o que leva ao crescimento econômico. A abertura para a participação permite que a sociedade expresse suas necessidades, resultando em políticas públicas que beneficiam uma ampla gama de cidadãos. Quando todos têm a chance de contribuir para a economia, os recursos são alocados de maneira mais eficiente, promovendo o desenvolvimento e reduzindo desigualdades.

Por outro lado, **instituições extrativistas** são aquelas que servem aos interesses de uma pequena elite, concentrando poder e recursos nas mãos de poucos. Essas instituições restringem o acesso às oportunidades econômicas e políticas, mantendo a maioria da população à margem. Em países com instituições extrativistas, o governo muitas vezes controla a economia, decide quem pode empreender e monopoliza setores estratégicos. Isso desestimula a inovação e o empreendedorismo, pois as pessoas percebem que não terão a mesma oportunidade de sucesso se não pertencerem ao grupo privilegiado.

Um exemplo histórico de instituições extrativistas foi o **Império Espanhol na América Latina**. Durante o período colonial, os espanhóis implementaram um sistema extrativista que explorava os recursos naturais e a força de trabalho nativa em benefício de uma elite. As riquezas eram extraídas e enviadas para a Espanha, enquanto as populações locais tinham pouco ou nenhum benefício com o crescimento econômico. Esse sistema extrativista deixou um legado de desigualdade e instabilidade, que até hoje influencia a região.

As **consequências de instituições extrativistas** são uma economia estagnada e um alto nível de desigualdade. Como as oportunidades estão concentradas nas mãos de uma elite, a maior parte da população é excluída dos benefícios do crescimento econômico. Isso gera um ciclo vicioso de pobreza e subdesenvolvimento, no qual os recursos naturais e a riqueza produzida são extraídos em benefício de poucos, enquanto a maioria enfrenta limitações para melhorar sua qualidade de vida.

Em contraste, países que adotam **instituições inclusivas** tendem a prosperar no longo prazo, pois oferecem um ambiente mais justo e aberto para o desenvolvimento das capacidades e habilidades dos cidadãos. A inclusão política e econômica cria um círculo virtuoso, onde as pessoas são incentivadas a trabalhar, inovar e investir, gerando benefícios para si mesmas e para a sociedade. A longo prazo, isso leva a uma sociedade mais igualitária, dinâmica e sustentável.

Em resumo, as instituições inclusivas promovem o desenvolvimento e a igualdade de oportunidades, enquanto as extrativistas concentram os benefícios em poucos, prejudicando o crescimento econômico e o bem-estar social. Para que uma nação prospere, é essencial que suas instituições favoreçam a inclusão e ofereçam oportunidades para que todos participem e se beneficiem do progresso econômico.

Dia 23: Tecnologia e Produtividade

A tecnologia tem desempenhado um papel fundamental no aumento da **produtividade** e no desenvolvimento econômico ao longo da história. Novas ferramentas e processos permitem que empresas e trabalhadores produzam mais, com maior eficiência e em menos tempo. Esse avanço constante em tecnologia impulsiona a sociedade para novos patamares de produção e bem-estar, impactando diversos setores econômicos.

Produtividade é a eficiência com que recursos são utilizados para produzir bens e serviços. Aumento na produtividade significa que mais produtos são feitos com os mesmos recursos. Esse ganho de eficiência, muitas vezes, resulta em crescimento econômico, pois permite que empresas aumentem a produção, receitas e proporcionem melhores condições de trabalho e salários.

A agricultura oferece um bom exemplo de como a tecnologia eleva a produtividade. No passado, a produção agrícola era quase exclusivamente manual, exigindo muitos trabalhadores para cultivar e colher alimentos. Com a introdução de **tratores, máquinas de colheita** e **sistemas de irrigação modernos**, a produtividade aumentou drasticamente, e uma quantidade menor de trabalhadores passou a produzir muito mais alimentos com menos tempo e esforço físico.

Na indústria, a **automação** é uma das maiores impulsionadoras de produtividade. Máquinas como robôs industriais, realizam tarefas repetitivas com precisão e velocidade, minimizando o erro humano e reduzindo o tempo de produção. A linha de montagem automatizada, por exemplo, revolucionou a produção em massa de automóveis, eletrodomésticos e eletrônicos, ao reduzir custos e aumentar a oferta. Esse processo torna os produtos mais acessíveis aos consumidores e também libera os trabalhadores para funções de maior valor agregado.

No setor de serviços, a **tecnologia da informação** e a digitalização estão redefinindo a produtividade. Ferramentas como *software* **de gestão, inteligência artificial** e **computação em nuvem** permitem que empresas organizem dados de forma eficiente, façam análises detalhadas e tomem decisões informadas em tempo real. A inteligência artificial, por exemplo, possibilita que uma empresa analise o comportamento de compra dos clientes e ofereça produtos personalizados, aumentando vendas e aprimorando a experiência do consumidor.

A **conectividade** é outro aspecto da tecnologia que impulsiona a produtividade. A internet e as redes móveis permitem que pessoas e empresas se conectem instantaneamente em qualquer parte do mundo, facilitando o trabalho remoto, a colaboração e o comércio internacional. Atualmente, uma empresa pode operar em vários países sem precisar de presença física em todos eles, reduzindo custos e ampliando seu alcance. A conectividade também oferece acesso a uma quantidade enorme de informações, usadas para pesquisa, desenvolvimento e inovação.

O aumento da produtividade é o principal meio para que os trabalhadores recebam melhores salários e possuam maior poder de compra. Isso explica por que trabalhadores com qualificações semelhantes podem ter produtividade e salários muito diferentes dependendo do nível de eficiência disponível no país em que atuam. Em economias tecnologicamente avançadas e produtivas, o trabalho gera mais valor, resultando em melhores salários.

Apesar dos benefícios da tecnologia, ela também apresenta desafios. A rápida evolução tecnológica pode tornar certas habilidades e profissões obsoletas, exigindo que os trabalhadores se adaptem e adquiram novas competências para se manterem competitivos. Esse fenômeno, conhecido como **desemprego tecnológico**, ocorre quando a automação e as novas tecnologias substituem tarefas antes realizadas por pessoas. Um exemplo é o setor de transporte, onde o desenvolvimento de veículos autônomos pode impactar a empregabilidade de motoristas.

Para mitigar esses desafios, é importante que tanto governos quanto empresas invistam em **educação e capacitação**. Programas de treinamento, especialmente em áreas como programação, análise de dados e outras habilidades digitais, ajudam os trabalhadores a se adaptarem às mudanças do mercado de trabalho e aproveitarem as novas oportunidades que a tecnologia cria. Uma força de trabalho capacitada é um ativo valioso para as empresas, pois melhora a eficiência e a inovação.

Em resumo, a tecnologia é um dos principais motores do aumento da produtividade, beneficiando praticamente todos os setores econômicos. Ao mesmo tempo, é essencial equilibrar os ganhos de produtividade com medidas que garantam a adaptação dos trabalhadores às novas demandas do mercado, promovendo a inclusão e a prosperidade geral.

Dia 24: Hiato do Produto

O **hiato do produto** é um conceito econômico que se refere à diferença entre o produto interno bruto (PIB) real de um país e seu **PIB potencial**. O PIB real representa o valor atual da produção de bens e serviços, enquanto o PIB potencial indica o nível máximo de produção que uma economia pode alcançar de forma sustentável, sem gerar pressões inflacionárias. Em outras palavras, o hiato do produto mede o quanto uma economia está operando acima ou abaixo de sua capacidade ideal.

Quando o PIB real é inferior ao PIB potencial, a economia está operando com um **hiato do produto negativo**. Esse cenário indica que há capacidade ociosa, ou seja, recursos como mão de obra e capital estão subutilizados. Em uma situação de hiato negativo, a economia enfrenta alta taxa de desemprego e crescimento lento, além de pressões deflacionárias, uma vez que a demanda está abaixo da capacidade de produção. Se compararmos com um motor de um carro, é como se a economia estivesse em baixa rotação, ou seja, o motor trabalha com folga. Esse contexto geralmente ocorre em períodos de recessão econômica, onde o consumo e o investimento caem, reduzindo a atividade econômica.

Por outro lado, um **hiato do produto positivo** ocorre quando o PIB real supera o PIB potencial. Nesse caso, a economia está operando acima de sua capacidade sustentável, o que significa que os recursos produtivos estão sendo utilizados intensivamente. Embora isso possa levar a um aumento temporário no crescimento econômico, também gera pressões inflacionárias, pois a alta demanda por bens e serviços supera a capacidade de oferta. No caso da analogia do motor do carro, aqui ele está em alta rotação, muito quente e próximo de cortar o giro. Esse excesso de demanda pode resultar em aumento de preços e, eventualmente, uma necessidade de ajuste para evitar que a economia entre em um ciclo inflacionário.

O hiato do produto é um indicador importante para a formulação de políticas econômicas, especialmente as políticas **monetária** e **fiscal**. Quando o hiato do produto é **negativo**, o governo pode adotar políticas de estímulo, como a redução das taxas de juros e o aumento dos gastos públicos, para incentivar o consumo e o investimento. Essas medidas buscam fechar o hiato ao estimular a demanda agregada, gerando mais empregos e aumentando a utilização dos recursos produtivos.

Por outro lado, em um cenário de hiato do produto **positivo**, o governo pode optar por medidas restritivas para conter a inflação e equilibrar o crescimento. Aumentos nas taxas de juros e **redução dos gastos públicos** são exemplos de políticas que podem reduzir a demanda e evitar que a economia entre em superaquecimento. Essas políticas ajudam a estabilizar o nível de preços e a evitar bolhas econômicas.

O cálculo exato do hiato do produto é um desafio, pois envolve estimativas complexas sobre o PIB potencial de um país, que depende de fatores como crescimento da força de trabalho, avanços tecnológicos e nível de investimento em infraestrutura. Estimar o PIB potencial com precisão é difícil, mas as instituições econômicas, como bancos centrais, utilizam modelos estatísticos para calcular e monitorar o hiato do produto como um indicador de pressão inflacionária e de desempenho econômico.

Em resumo, o hiato do produto é uma medida que ajuda a avaliar o desempenho de uma economia em relação ao seu potencial. Um hiato negativo sugere capacidade ociosa e desemprego elevado, enquanto um hiato positivo indica pressões inflacionárias devido ao excesso de demanda. Monitorar o hiato do produto é essencial para orientar políticas econômicas que busquem um crescimento sustentável e o equilíbrio entre a oferta e a demanda.

Dia 25: Risco

No contexto econômico, o **risco** representa a incerteza em relação aos retornos de um investimento, e ele está presente em praticamente todas as atividades econômicas. Risco é o que diferencia ganhos potenciais de perdas possíveis, sendo um conceito fundamental para investidores, empresas e governos, que tomam decisões calculadas para gerenciar as incertezas do mercado.

O risco pode ser dividido em diferentes tipos, sendo o **risco sistemático** e o **risco não sistemático** os mais comuns. O risco sistemático, também conhecido como risco de mercado, é aquele que afeta toda a economia como um todo e não pode ser eliminado através da diversificação. Ele inclui fatores como crises econômicas, mudanças nas políticas governamentais, inflação e variações nas taxas de juros.

Por outro lado, o **risco não sistemático** é específico de um setor, empresa ou ativo. Esse tipo de risco pode ser reduzido por meio da **diversificação**, que é a prática de investir em diferentes tipos de ativos ou setores para minimizar o impacto de perdas específicas. Por exemplo, um investidor que possui ações de várias empresas em setores distintos, como tecnologia, alimentos e automóveis, pode reduzir o impacto de uma crise específica em um desses setores.

Um exemplo prático de risco é a compra de ações de uma empresa. Quem está comprando assume o risco dessa empresa ter bons ou maus resultados. O mesmo vale para quem investe em títulos de dívida de um governo ou empresa: existe o risco de **inadimplência**, caso o emissor do título não consiga pagar os juros ou o valor principal.

O conceito de **retorno esperado** é fundamental na análise de risco, pois ele representa o ganho que o investidor espera obter com um determinado investimento. No entanto, quanto maior o retorno esperado, maior tende a ser o risco envolvido, uma vez que investimentos com grandes retornos potenciais geralmente envolvem uma maior chance de perda. Esse relacionamento é conhecido como **risco-retorno**. Por exemplo, investimentos em ações de empresas pequenas (*small caps*) costumam ser mais arriscados do que investimentos em grandes empresas consolidadas (*blue chips*), mas, em contrapartida, podem proporcionar retornos mais altos.

As empresas também enfrentam diversos tipos de risco, como o **risco operacional**, que se refere a falhas nos processos internos, e o **risco de crédito**, que ocorre quando os clientes ou parceiros comerciais falham em cumprir suas obrigações financeiras. Além disso, existe o **risco de mercado**, relacionado às mudanças nas condições econômicas e financeiras que afetam o valor dos ativos e os custos de financiamento das empresas.

Para lidar com os riscos, tanto investidores quanto empresas adotam **estratégias de mitigação**. Entre as mais comuns estão a diversificação, a aquisição de seguros e o uso de **instrumentos financeiros de proteção**, como contratos de *hedge*. Um exemplo de *hedge* é quando uma empresa exportadora compra um contrato para "travar" a taxa de câmbio em determinado valor, protegendo-se de oscilações que possam afetar seus lucros. Da mesma forma, um agricultor pode utilizar contratos futuros para garantir o preço de sua colheita, reduzindo o risco de prejuízo em caso de queda nos preços dos produtos agrícolas na época da colheita.

O **risco país** é outra categoria importante, especialmente para investidores internacionais. Ele representa o conjunto de riscos associados ao investimento em um país específico, incluindo fatores econômicos, políticos e sociais. Aspectos como instabilidade política, alto nível de endividamento e políticas econômicas imprevisíveis podem aumentar o risco país, afetando a confiança dos investidores estrangeiros e, consequentemente, o fluxo de investimentos para essa economia.

Finalmente, o **perfil de risco** de cada investidor ou empresa também desempenha um papel crucial na tomada de decisões. Perfis mais conservadores tendem a evitar riscos altos e preferem investimentos seguros, como títulos de governo, enquanto perfis mais arrojados aceitam assumir riscos maiores em busca de retornos mais elevados, investindo, por exemplo, em ações ou em mercados emergentes.

Em resumo, o risco é um componente inevitável nas atividades econômicas e financeiras, mas ele pode ser gerido e mitigado com estratégias adequadas. Compreender os diferentes tipos de risco e suas implicações permite que investidores e empresas tomem decisões informadas, equilibrando a busca por retornos com a necessidade de proteção contra incertezas.

Dia 26: Ciclos Econômicos

Os **ciclos econômicos** representam as flutuações naturais que ocorrem na atividade econômica ao longo do tempo, alternando entre períodos de expansão e contração. Esses ciclos são compostos por quatro fases principais: **expansão**, *boom*, **contração** e **recessão**. Compreender os ciclos econômicos ajuda a identificar as tendências de crescimento e os momentos de crise, orientando as políticas econômicas.

A fase de **expansão** é caracterizada pelo crescimento do **Produto Interno Bruto (PIB)**, aumento do emprego e maior consumo. Durante a expansão, a confiança dos consumidores e investidores está elevada, impulsionando o consumo e os investimentos. As empresas tendem a aumentar a produção e contratar mais trabalhadores para atender à demanda crescente. Em períodos de forte expansão, a economia geralmente experimenta uma inflação moderada, resultado do aumento da demanda por bens e serviços.

Quando a economia atinge seu ponto mais alto de atividade, chega ao *boom* do ciclo econômico. Nessa fase, o crescimento está no auge, a capacidade produtiva atinge seu limite, e a economia se aproxima do pleno emprego. A inflação pode se intensificar devido à alta demanda e aos recursos produtivos sendo utilizados em sua capacidade máxima. Esse *boom* sinaliza que a economia está próxima de uma fase de ajuste, uma vez que a produção e o consumo começam a se estabilizar e as pressões sobre os preços aumentam.

Após o *boom*, ocorre a **contração**, que é a fase em que a atividade econômica começa a diminuir. O PIB desacelera, o desemprego começa a subir e o consumo cai. A confiança dos consumidores e das empresas se enfraquece, levando à redução dos investimentos e à contenção de gastos. Durante a contração, as empresas frequentemente cortam custos, reduzem a produção e, em alguns casos, realizam demissões. Os bancos centrais podem reduzir as taxas de juros para estimular a economia, mas os efeitos desse estímulo geralmente levam algum tempo para se manifestar.

O ponto mais baixo do ciclo econômico é a **recessão**, que marca o final da fase de contração e o início de uma nova expansão. Na recessão, a atividade econômica está no seu nível mais baixo, e os recursos da economia – como capital e mão de obra – estão subutilizados. A inflação tende a ser baixa ou inexistente, pois a demanda é fraca. Contudo, a recessão também sinaliza um momento de oportunidade para recuperação. Com o tempo, os preços estabilizam, a confiança começa a retornar e a economia entra novamente em expansão, reiniciando o ciclo.

Essas flutuações são influenciadas por vários fatores, incluindo **políticas econômicas, inovações tecnológicas, mudanças nas condições globais e eventos inesperados**, como desastres naturais ou crises sanitárias. Por exemplo, uma inovação significativa, como a internet, pode impulsionar uma expansão ao criar novas indústrias e empregos, enquanto uma crise financeira global, como a de 2008, pode desencadear uma contração.

Os **governos** e **bancos centrais** desempenham um papel importante na tentativa de suavizar as flutuações dos ciclos econômicos. Eles usam políticas fiscais e monetárias para estimular a economia em tempos de recessão ou para conter o crescimento excessivo e a inflação em tempos de *boom*. Na prática, essas intervenções visam criar um ambiente econômico mais estável e previsível, contribuindo para o bem-estar econômico da população.

Além das fases descritas, existe uma condição denominada **estagflação**. Esta é uma situação econômica caracterizada pela coexistência de estagnação econômica (crescimento baixo ou nulo), alta inflação e frequentemente desemprego elevado. Essa combinação contraditória geralmente surge devido a choques de oferta, como aumentos abruptos nos preços de *commodities* essenciais. No ciclo econômico, a estagflação não se encaixa claramente em uma fase tradicional, ocorrendo tipicamente em momentos de transição ou crises externas que desequilibram os mecanismos usuais de oferta e demanda.

Em resumo, os ciclos econômicos são uma característica natural das economias de mercado, e suas fases influenciam diretamente a produção, o emprego e o consumo. Compreender essas variações permite uma visão mais clara das tendências e dos desafios econômicos, auxiliando na formulação de políticas para promover a estabilidade e o crescimento.

Dia 27: Commodities

As *commodities* são bens de origem primária, como minerais, produtos agrícolas e recursos energéticos, que são produzidos em grande escala e comercializados globalmente. Por serem produtos básicos e relativamente indiferenciados, uma unidade de determinada *commodity* é geralmente equivalente a outra unidade idêntica, independentemente de onde tenha sido produzida. Exemplos de *commodities* incluem petróleo, minério de ferro, soja, café, ouro e trigo.

O mercado de *commodities* é essencial para a economia global, pois esses produtos constituem a base para a produção de uma ampla variedade de bens e serviços. As *commodities* são geralmente divididas em duas categorias: **soft** *commodities* e **hard** *commodities*.

As **soft** *commodities* são produtos agrícolas que incluem itens como trigo, milho, soja, café e algodão. Essas *commodities* são perecíveis e dependem de fatores sazonais, como clima e condições de cultivo. Já as **hard** *commodities* são produtos extraídos ou minerados, como petróleo, gás natural, ouro, prata e cobre, que são recursos duráveis e amplamente utilizados na indústria e na geração de energia.

O preço das *commodities* é determinado pela **oferta e demanda** globais. Como esses produtos são fundamentais para diversos setores, mudanças na demanda por eles afetam diretamente seus preços. Uma alta na demanda por petróleo pode fazer o preço do barril subir. Por outro lado, um aumento na oferta tende a reduzir o preço. Esse equilíbrio entre oferta e demanda faz com que o mercado de *commodities* seja volátil e sensível a eventos globais.

Além disso, fatores econômicos e geopolíticos têm forte influência sobre o preço das *commodities*. A instabilidade em regiões produtoras de petróleo, por exemplo, pode elevar os preços devido ao risco de interrupções no fornecimento. Da mesma forma, políticas protecionistas que restringem a exportação de certos produtos agrícolas afetam os preços no mercado internacional. As variações cambiais também têm impacto, já que as *commodities* são normalmente negociadas em dólares. Quando o dólar se valoriza em relação a outras moedas, as *commodities* ficam mais caras para compradores estrangeiros, o que pode reduzir a demanda e pressionar os preços para baixo.

As **soft *commodities*** têm um papel essencial no fornecimento de alimentos e produtos de necessidade básica, sendo sua produção fortemente influenciada por fatores climáticos. Secas, enchentes ou condições climáticas extremas podem afetar drasticamente a oferta de produtos como milho e soja, elevando seus preços. O ciclo de produção agrícola também é afetado pelas estações do ano, o que pode gerar variações sazonais na oferta e na demanda desses produtos.

As **hard *commodities***, por outro lado, são fundamentais para a indústria e a geração de energia. O petróleo é a principal fonte de energia mundial e uma matéria-prima essencial para a produção de combustível, plásticos e produtos químicos. O cobre, amplamente utilizado na fabricação de fios e cabos elétricos e de telecomunicação, é outra *commodity* crucial para o desenvolvimento econômico e industrial. As variações nos preços dessas *commodities* afetam diretamente os custos de produção, impactando diversos setores da economia global.

As ***commodities*** também têm um papel importante como **instrumentos de investimento**. Investidores e empresas utilizam as *commodities* para se proteger contra a inflação e diversificar seus portfólios, pois, em momentos de crise ou instabilidade, os preços das *commodities* tendem a subir, compensando perdas em outras áreas. Para protegerem-se contra a volatilidade dos preços, empresas de setores como aviação e alimentos utilizam contratos de ***hedge*** — um mecanismo financeiro que permite fixar um preço futuro para a *commodity*, reduzindo o risco de perdas com oscilações no mercado.

Para países que são grandes produtores e exportadores de *commodities*, como o Brasil (soja, café, minério de ferro), a variação nos preços internacionais pode impactar significativamente a economia doméstica. Quando os preços das *commodities* estão altos, esses países recebem mais recursos do comércio internacional, aumentando sua receita e fortalecendo suas moedas. Por outro lado, quando os preços caem, esses países podem enfrentar desafios econômicos, como redução das exportações, enfraquecimento da moeda e impacto nas finanças públicas.

Em resumo, as *commodities* são produtos fundamentais para a economia global, influenciando tanto a produção de bens e serviços quanto as políticas econômicas e os mercados financeiros. A volatilidade dos preços das *commodities* reflete as interações entre oferta, demanda e fatores externos, destacando a importância dessa classe de ativo para a estabilidade econômica e o crescimento mundial.

Dia 28: Padrão Ouro

O **Padrão Ouro** foi um sistema monetário no qual a unidade de moeda de um país era atrelada diretamente ao valor do ouro. Sob esse regime, os países definiam o valor de sua moeda em termos de uma quantidade específica de ouro, e o governo ou banco central se comprometia a trocar papel-moeda por ouro, a uma taxa fixa. O Padrão Ouro surgiu como um mecanismo para promover a estabilidade cambial, facilitando o comércio internacional e a confiança no valor das moedas.

Durante o século XIX e o início do século XX, o Padrão Ouro era amplamente utilizado, especialmente entre as **grandes potências econômicas**, como a Inglaterra. Nesse sistema, o valor de cada moeda era convertido em uma quantidade fixa de ouro, o que estabelecia uma relação de troca estável entre as moedas. Por exemplo, se o valor de uma libra esterlina fosse definido como equivalente a 3 gramas de ouro e o valor do dólar como 1 grama de ouro, então 1 libra equivaleria a 3 dólares. Esse sistema simplificava o comércio internacional, pois eliminava a incerteza associada às variações cambiais.

Uma das principais vantagens do Padrão Ouro era a estabilidade que ele proporcionava. Como as moedas estavam vinculadas a uma quantidade fixa de ouro, o Padrão Ouro limitava a capacidade dos governos de imprimir dinheiro excessivamente, o que ajudava a controlar a **inflação**. A oferta monetária de um país era limitada pela quantidade de ouro que ele possuía, o que incentivava uma gestão responsável das finanças públicas. Essa disciplina fiscal aumentava a confiança no sistema financeiro, tanto para investidores quanto para outros países.

No entanto, a grande vantagem do Padrão Ouro, em certos momentos, era o seu maior desafio. Uma das principais limitações do sistema era a sua **rigidez**: como a quantidade de dinheiro em circulação estava diretamente ligada às reservas de ouro, os governos tinham pouco espaço para adotar **políticas econômicas expansionistas** em tempos de crise. Por exemplo, durante uma **recessão**, um país poderia precisar de mais dinheiro em circulação para estimular a economia, mas o Padrão Ouro restringia essa possibilidade, pois a emissão de moeda adicional exigia um aumento equivalente nas reservas de ouro.

Além disso, o Padrão Ouro tornava as economias **vulneráveis** a choques externos. Em períodos de instabilidade, como durante a Primeira Guerra Mundial, os países enfrentaram dificuldades para manter a conversão de suas moedas em ouro, levando muitos a suspender temporariamente o sistema. As **recessões** e **crises financeiras** também foram **agravadas** pelo Padrão Ouro, pois os países tinham dificuldade em ajustar suas políticas econômicas para responder a esses desafios.

A Grande Depressão de 1929 foi um marco importante para o declínio do Padrão Ouro. Durante esse período de crise econômica global, muitos países enfrentaram alta taxa de **desemprego** e queda na produção industrial. A rigidez do sistema do Padrão Ouro impedia os governos de adotarem políticas monetárias flexíveis para estimular suas economias, o que contribuiu para prolongar a **depressão**. Diante desse cenário, muitos países abandonaram o Padrão Ouro na tentativa de adotar políticas econômicas mais flexíveis e promover a recuperação econômica.

Após a Segunda Guerra Mundial, surgiu o **sistema de Bretton Woods**, que estabeleceu um novo modelo. Nesse sistema, o dólar americano passou a ser a principal moeda de reserva, com seu valor atrelado ao ouro, enquanto as demais moedas eram atreladas ao dólar. Isso manteve um vínculo indireto com o ouro até 1971, quando os EUA decidiram encerrar a **conversibilidade do dólar** em ouro, finalizando o último vestígio do Padrão Ouro.

Em resumo, o Padrão Ouro foi um sistema que proporcionou estabilidade, mas também limitou a flexibilidade das políticas econômicas em tempos de crise. Embora tenha sido amplamente abandonado, seu legado ainda é estudado como uma tentativa histórica de criar um sistema monetário internacional estável.

Dia 29: Criptomoedas

As **criptomoedas** são moedas digitais baseadas em criptografia, projetadas para funcionar como um meio de troca descentralizado, sem necessidade de bancos centrais ou governos. A primeira e mais conhecida criptomoeda é o **Bitcoin**, lançada em 2009 por uma pessoa ou grupo sob o pseudônimo de Satoshi Nakamoto. Desde então, o Bitcoin e outras criptomoedas têm gerado um interesse notável, tanto de investidores quanto de entusiastas da tecnologia.

A inovação central das criptomoedas está na **tecnologia *blockchain***, uma espécie de livro contábil digital onde todas as transações são registradas de forma segura. O *blockchain* é descentralizado, ou seja, os dados são armazenados em uma rede de computadores ao redor do mundo, sem um único servidor central. Essa estrutura protege as criptomoedas contra fraudes e manipulações, permitindo uma alternativa ao sistema financeiro tradicional. Para muitos, a descentralização das criptomoedas representa uma forma de democratização financeira, embora outros questionem se essa estrutura realmente atende às necessidades mais amplas de confiança e segurança, características essenciais no histórico das moedas.

Uma das principais características do Bitcoin é sua oferta limitada a 21 milhões de unidades, o que cria uma percepção de escassez. Esse conceito foi comparado ao do ouro, fazendo com que alguns vejam o Bitcoin como uma espécie de "ouro digital". No entanto, ao contrário do ouro, que é amplamente aceito e valorizado há séculos, o Bitcoin depende da confiança e da entrada de novos investidores, o que o torna suscetível a oscilações de preço. Além disso, o ouro possui uma demanda estável por seu uso na indústria e como joalheria, algo que reforça seu valor intrínseco além da simples especulação. A volatilidade do Bitcoin representa um ponto de cautela para aqueles que preferem a estabilidade.

Além do Bitcoin, há milhares de outras criptomoedas conhecidas como ***altcoins***, cada uma com características e objetivos distintos. O Ethereum, por exemplo, traz uma plataforma que permite contratos inteligentes, ampliando as possibilidades do uso da *blockchain*. Essas inovações são celebradas por muitos, mas ainda enfrentam desafios em relação à adoção e ao uso prático em larga escala, levantando questionamentos sobre a sustentabilidade desses projetos no longo prazo.

Em países com economias instáveis, as criptomoedas são vistas como uma possível **proteção contra a inflação**, permitindo que as pessoas preservem seu poder de compra em ativos fora do controle de governos. Essa função é especialmente relevante em países onde as moedas locais sofrem desvalorizações frequentes. No entanto, a volatilidade das criptomoedas também representa um risco, pois seus valores podem cair drasticamente em períodos de instabilidade global, fazendo com que a segurança oferecida pelas criptomoedas varie conforme o cenário econômico.

O caráter anônimo das transações em *blockchain* traz preocupações com relação ao uso de criptomoedas para atividades ilegais, como lavagem de dinheiro e financiamento ao terrorismo. Em resposta, muitos governos têm buscado criar regulamentações para esse mercado. A regulação das criptomoedas é um tema em desenvolvimento, com abordagens variando entre países. Nos Estados Unidos, por exemplo, elas são tratadas como ativos financeiros sujeitos à tributação. Na outra ponta, El Salvador adotou o Bitcoin como moeda oficial.

As criptomoedas também inspiraram o surgimento de conceitos como os **tokens não fungíveis (NFTs)** e as **finanças descentralizadas (DeFi)**, que propõem novos modelos de propriedade digital e serviços financeiros sem intermediários tradicionais. Essas ideias ampliam o impacto da *blockchain* e mostram o potencial das criptomoedas para criar um ecossistema econômico digital mais diversificado. No entanto, o uso restrito a nichos e as diversas barreiras existentes são desafios que ainda precisam ser superados para alcançar uma adoção mais ampla e prática.

Em resumo, as criptomoedas representam uma inovação importante no cenário financeiro, com potencial para transformar sistemas de pagamento e o próprio conceito de dinheiro. Entretanto, desafios como a volatilidade, a falta de regulamentação em alguns países e a necessidade de confiança contínua mostram que seu futuro ainda é incerto. Possivelmente, o desenvolvimento dessa tecnologia seguirá em direção à criação de criptomoedas centralizadas, emitidas por governos por meio de seus bancos centrais. À medida que a tecnologia e as regulamentações evoluem, o papel das criptomoedas no sistema financeiro global poderá se consolidar ou seguir em direção a um novo formato, refletindo as demandas e expectativas de uma economia em constante transformação.

Dia 30: Bolhas Financeiras

As **bolhas financeiras** são fenômenos econômicos caracterizados pela valorização excessiva e insustentável de ativos, seguida por uma queda abrupta nos preços, que geralmente causa perdas significativas para investidores e afeta a economia como um todo. Uma bolha ocorre quando o preço de um ativo, como ações, imóveis ou até mesmo moedas digitais, aumenta muito além de seu valor intrínseco, impulsionado pelo entusiasmo do mercado, especulação e expectativas de retornos rápidos.

A dinâmica de uma bolha geralmente começa com um evento que cria otimismo em relação ao ativo. Esse **otimismo** inicial atrai mais investidores, fazendo com que os preços subam rapidamente. À medida que o preço continua a subir, uma mentalidade de "não perder a oportunidade" toma conta dos investidores, levando mais pessoas a comprar o ativo, o que impulsiona ainda mais seu valor, na mesma dinâmica de uma **pirâmide**. Esse ciclo de valorização se retroalimenta e, muitas vezes, ignora fundamentos econômicos, como oferta, demanda ou valor real do ativo. O resultado é um preço que não se sustenta a longo prazo.

Um exemplo clássico de bolha financeira é a **Bolha das Tulipas** no século XVII, considerada a primeira bolha especulativa documentada. Na Holanda, os preços das tulipas subiram a níveis absurdos, com algumas flores chegando a ser vendidas por valores que superavam o salário anual de um trabalhador qualificado. Quando o mercado perdeu a confiança e a demanda por tulipas caiu, os preços despencaram, deixando muitos investidores em ruínas financeiras. Essa bolha ilustra como a especulação pode impulsionar os preços a patamares irracionais e como o pânico pode rapidamente inverter o processo.

Outro exemplo mais recente é a **bolha da internet** ou **bolha das "PontoCom"** no final dos anos 1990 e início dos 2000. Com a popularização da internet, o mercado se entusiasmou com as corporações de tecnologia, acreditando que todas as empresas do setor teriam sucesso. Isso levou a uma alta especulativa nos preços das ações de tecnologia, muitas das quais não tinham lucros reais nem modelos de negócio sustentáveis. Quando a realidade financeira dessas empresas se revelou, os preços das ações caíram drasticamente, resultando em perdas para investidores e prejudicando a economia por anos.

As **bolhas financeiras** geralmente seguem um padrão, composto por algumas fases: **início, expansão, euforia, arrependimento** e **estouro**. No início, poucos investidores notam o potencial do ativo, mas conforme a valorização aumenta, mais pessoas se interessam. Na fase de expansão, a demanda aumenta, elevando os preços e gerando otimismo. Na fase de euforia, o preço atinge níveis irreais, e o entusiasmo leva investidores a comprar sem considerar os riscos. Quando a fase de arrependimento começa, os primeiros sinais de que o preço não se sustenta surgem, e alguns investidores vendem seus ativos. Por fim, na fase de estouro, o valor do ativo despenca verticalmente, e o pânico se instala no mercado, com muitos investidores tentando vender rapidamente, intensificando a queda, visto que já não existem mais compradores.

As bolhas têm impactos econômicos profundos, pois, ao estourarem, afetam tanto os pequenos investidores quanto as grandes instituições financeiras em um efeito dominó. Esse colapso geralmente leva a uma perda de confiança no mercado e pode desencadear crises econômicas e recessões, já que a queda nos preços pode afetar negativamente a economia real. Os bancos, por exemplo, podem reduzir empréstimos e financiamentos, o que diminui o consumo e os investimentos. Em casos extremos, como a crise de 2008, o estouro de uma bolha no setor imobiliário dos Estados Unidos impactou o sistema financeiro global, mostrando como essas bolhas podem ter repercussões amplas e duradouras.

Em termos de prevenção, uma maneira de minimizar os riscos de bolhas é através da **educação financeira**, regulação do mercado e regras bancárias que colaborem com a resiliência do sistema. Governos e bancos centrais monitoram os mercados para identificar sinais de bolhas, mas nem sempre é fácil antecipá-las. A educação financeira é importante para que os investidores consigam identificar exageros e sejam cautelosos em suas decisões de investimento. Contudo, como a história mostra, o **comportamento humano** é difícil de prever, e a combinação de **entusiasmo** e **ganância** continuará alimentando bolhas no futuro.

Em resumo, as bolhas financeiras são fenômenos que refletem o comportamento coletivo dos mercados e a psicologia humana, marcada pelo otimismo e pela busca por ganhos rápidos. Embora os sinais de uma bolha sejam cada vez mais estudados, a natureza imprevisível desses fenômenos e o comportamento do ser humano faz com que eles continuem a ocorrer.

Glossário

Altcoins - Criptomoedas alternativas ao Bitcoin, com diferentes características e aplicações.

Arbitragem - Compra e venda simultânea de ativos em mercados diferentes para lucrar com a diferença de preço.

Ativo - Bem ou recurso que possui valor econômico, como imóveis, ações ou dinheiro.

Bolha Financeira - Situação em que o preço de um ativo inflaciona excessivamente antes de uma queda brusca.

Blockchain - Tecnologia de registro digital descentralizado que armazena informações de transações de maneira segura e imutável.

Capitalismo - Sistema econômico em que os meios de produção são de propriedade privada e orientados pelo lucro.

Ciclo Econômico - Fases de expansão e contração da economia.

Commodity - Bem primário produzido em larga escala e sem grande diferenciação, como petróleo, trigo, café e cobre.

Contratos Inteligentes - Programas digitais que executam automaticamente ações quando condições específicas são atendidas, usados em *blockchains* como o Ethereum.

Criptomoeda - Moeda digital que utiliza criptografia para transações seguras e opera de forma descentralizada.

Déficit Fiscal - Situação em que os gastos do governo superam sua arrecadação.

Déficit Comercial - Situação em que o valor das importações de um país excede o valor das exportações.

Demanda Agregada - Soma total da demanda por bens e serviços na economia em um período específico.

Desemprego Friccional - Desemprego temporário que ocorre enquanto trabalhadores buscam ou trocam de emprego.

Desemprego Estrutural - Desemprego causado por uma incompatibilidade entre as habilidades dos trabalhadores e as necessidades do mercado.

Dívida externa - Empréstimos contraídos por um país junto a credores estrangeiros, incluindo governos, instituições financeiras ou investidores internacionais.

Elasticidade-Preço da Demanda - Medida da sensibilidade da quantidade demandada de um bem em relação a uma mudança no seu preço.

Finanças Descentralizadas (DeFi) - Sistemas financeiros sem intermediários, baseados em contratos inteligentes.

Fundo Monetário Internacional (FMI) - Organização internacional que visa promover a cooperação econômica e financeira global.

Hedge - Estratégia de proteção financeira para reduzir o risco de perdas em ativos devido à volatilidade do mercado.

Hiato do Produto - Diferença entre o produto real e o produto potencial de uma economia, indicando subutilização ou superaquecimento.

Inflação - Aumento generalizado dos preços de bens e serviços, reduzindo o poder de compra da moeda.

Instituições Extrativistas - Instituições que concentram recursos e poder em um pequeno grupo, limitando oportunidades para o restante da sociedade.

Instituições Inclusivas - Instituições que promovem a participação econômica e a inclusão dos indivíduos da sociedade, distribuindo oportunidades de forma mais ampla.

Keynesianismo - Teoria econômica que defende o papel ativo do governo para estabilizar a economia e estimular a demanda em épocas de crise.

Macroeconomia - Ramo da economia que analisa a economia como um todo, focando em indicadores agregados, como PIB, inflação e desemprego.

Microeconomia - Ramo da economia que estuda o comportamento individual de consumidores, empresas e mercados específicos.

Mercado de Capitais - Mercado onde valores mobiliários, como ações e títulos, são comprados e vendidos.

Mercado de Crédito - Segmento financeiro que oferece empréstimos e financiamentos a indivíduos, empresas e governos.

Monopólio - Situação em que uma única empresa controla toda a oferta de um bem ou serviço, podendo determinar preços sem concorrência.

Padrão Ouro - Sistema monetário em que a moeda de um país era diretamente atrelada ao valor do ouro.

Produto Interno Bruto (PIB) - Valor total de bens e serviços produzidos em um país em determinado período.

Protecionismo - Políticas governamentais que restringem importações para proteger a indústria local da concorrência externa.

Reserva de Valor - Propriedade de um ativo que permite manter seu valor ao longo do tempo, como ouro e moedas fortes.

Risco Sistemático - Risco de mercado que impacta todos os ativos devido a fatores econômicos amplos, como crises, inflação ou políticas monetárias, e não pode ser eliminado por diversificação.

Segurança Jurídica - Princípio que assegura estabilidade e previsibilidade nas relações econômicas e sociais, garantindo proteção legal aos agentes de mercado.

Taxa de Câmbio - Valor da moeda de um país em relação à moeda de outro país.

Taxa de Juros - Percentual que indica o custo do crédito ou o retorno de um investimento.

Tributos - Impostos, taxas e contribuições cobrados pelo governo para custear suas atividades ou investimentos.

Volatilidade - Medida da variação do preço de um ativo ao longo do tempo, indicando o grau de risco associado.

www.ingramcontent.com/pod-product-compliance
Lightning Source LLC
Chambersburg PA
CBHW070408230526
45471CB00006B/2700